Georg Sporschill

# Die zweite Meile

## Ein Leben mit Hoffnungskindern

Redaktion: Brigitte Hilzensauer

UEBERREUTER

Bildnachweis:
Gerhard Deutsch: Seite 113 oben
Sepp Dreissinger: Seiten 113 unten, 118 oben, 159
Leonhard Hilzensauer: Seite 120
Jugend Aktiv: Seiten 73, 74, 75
Annunziata Schmidt-Chiari: Seite 158 oben
Nora Schoeller: Seiten 37 oben, 76 oben, 77
Alle anderen Bilder: CONCORDIA

ISBN 3-8000-7211-4
ISBN 978-3-8000-7211-8

Covergestaltung: Kurt Hamtil / verlagsbüro wien
Coverfoto: © CONCORDIA

Druck: Druckerei Theiss GmbH, A-9431 St. Stefan i. Lav.
1 2 3 4 5 6 7

Ueberreuter im Internet: www.ueberreuter.at

# Inhalt

# Vorwort

Vor einigen Jahrzehnten lautete eine beliebte Frage von Erwachsenen an Jugendliche: „Wer ist dein Vorbild?" Mittlerweile ist das Wort Vorbild aus der Mode geraten. Heute spricht man lieber von Modellen, von Lebensentwürfen, als wäre das Leben etwas, das vom Designer stammt. Dahinter steht der unausgesprochene Gedanke, man brauche nur jederzeit die Richtung zu ändern, wenn es irgendwo beschwerlich oder langweilig wird.

Auch im Leben des Jesuitenpaters Georg Sporschill gab und gibt es manche Um- und Seitenwege. Doch was bleibt, sind die Konsequenz und die unermüdliche Energie, mit der hier einer gegen alle Widerstände und Mühsal sein Ziel verfolgt: sich den Ärmsten, den Verlassenen und Verstoßenen zu widmen. Mit zahlreichen Mitarbeiterinnen und Mitarbeitern, mithilfe unzähliger Wohltäterinnen und Wohltäter hat er ein Projekt ins Leben gerufen, das heute als Modell für Sozialarbeit gilt: das Projekt CONCORDIA für Kinder und Jugendliche, die auf der Straße oder ohne Eltern leben müssen. Durch tätige Nächstenliebe sind viele dieser Kinder zu Hoffnungskindern geworden.

Dieses Buch ist keine Biografie eines „Vorbilds"; Georg Sporschill würde sich das verbitten. Doch Stoff zum Nach- und Weiterdenken bietet es in Fülle. Es ist aus verschiedenen Texten entstanden, aus Briefen an Freunde und Wegbegleiter, aus Texten zu Themen, die Pater Sporschill immer wieder beschäftigt haben, und aus langen Gesprächen, die ich mit ihm führen durfte. So ist es kein durchkonstruiertes Gesamtwerk, sondern eine vielfältige Sammlung, die in ihrer Gesamtheit einen authentischen Einblick in das Leben eines ungewöhnlichen Menschen bietet.

Einige Sätze, die mir die Überlegungen und Gedanken von Pater Sporschill wie im Brennglas zu bündeln scheinen, sind extra hervorgehoben und an den Rand gestellt. Es sind kleine Wegweiser durch den Alltag, Anregungen zum Weiterdenken und zur Meditation. In den Text eingestreut finden sich Erlebnisberichte von Jugendlichen: von ehemaligen Straßenkindern und von Volontären, die ein Jahr lang im Projekt CONCORDIA mitgearbeitet haben.

Dass ich, die ich der Kirche eher fern stehe und Pater Georg Sporschill in einem ganz anderen Zusammenhang kennen lernte, dieses Buch verfassen durfte, war ein großer Vertrauensbeweis. Dafür danke ich ihm ebenso wie für die Möglichkeit, im Sozialzentrum Lazarus in Bukarest viele seiner Schützlinge kennen zu lernen. Ein Erlebnis, das im Gedächtnis bleibt.

Brigitte Hilzensauer

*Lieber Gott! Du hast mich lieb.*
*Du schützt die Kinder*
*auf der Straße und im Haus.*
*Ich danke Dir dafür.*
*Und ich danke Dir für unsere Freunde,*
*für die Erzieher und die Wohltäter.*
*Viele von ihnen wohnen weit weg.*
*Aber sie sind unsere Freunde,*
*deshalb sind sie uns ganz nah.*

*Ich bitte Dich für alle, die uns helfen.*
*Wenn sie selbst Kinder haben,*
*sollen sie diese mit Liebe erziehen und in ihrer Nähe halten.*
*Damit die Kinder nie von zu Hause weglaufen.*
*Lieber Gott! Wenn es dunkel wird, behüte sie.*
*Wenn es hell wird, gib ihnen Deine Liebe.*
*Lass Deine Schutzengel heute Nacht bei uns sein*
*und morgen mit uns und allen Kindern gehen.*
*Amen.*

**Gebet der Straßenkinder für ihre Wohltäter**

# Concordia – Zusammenklang der Herzen

## *Die zweite Meile*

Am Nordbahnhof in Bukarest begegnete ich Moise 1991 zum ersten Mal, in einer Horde von vielen kleinen Dieben, missbrauchten und süchtigen Kindern, von Räubern und verzweifelten Jugendlichen. Moise – eigentlich heißt er Florin – ist mein besonderer Schützling. Wenn ich nicht in Bukarest bin, verlässt er unser Sozialzentrum Lazarus und kehrt zurück in die Hölle der Straße. Wie einen Gruß aus der Ferne schickt er uns manchmal Kinder, damit wir sie aufnehmen. Wenn ich ihn dann sehe, schämt er sich und schimpft. Doch ich lasse nicht locker.

Moise ist kein Erfolg. Er bleibt ein Wanderer zwischen den Welten, vielleicht unser stärkster Streetworker, der zu den Ärmsten hinuntersteigt. Irgendwann kommt er wieder zu uns. Warten und Erwarten, nicht Ergebnis und Erfolg beschreiben das Innere der Sozialarbeit. Manchmal dürfen wir über die Wunder staunen, die der liebe Gott wirkt. Die Liebe Gottes ist nicht in eine pastorale Strategie einzufangen.

**Manchmal dürfen wir über die Wunder staunen, die der liebe Gott wirkt.**

Gerade die Schwierigen, wie Moise einer ist, lassen mich nicht los. Sie lehren mich Beharrlichkeit und wecken meine Unzufriedenheit, solange das Ziel nicht erreicht ist. Solange es Straßenkinder gibt, solange Wohlstandskinder ihr Leben wegwerfen, solange es Einsame, Nackte und Hungrige gibt, kann ich zwar gelegentlich glücklich, aber nicht zufrieden sein. Auf Beharrlichkeit kommt es an, wenn Jugendliche ihre Selbstständigkeit suchen und sich ablösen müssen, wenn in der Therapie Konflikte aufbrechen und der Schmerz Heilung ankündigt. Beharrlichkeit kann aber auch heißen, sich mit dem Gegenteil von dem, was ich erwartet habe, abzufinden und sich mit dem anderen zu freuen.

Moise ist kein Modell für unsere Straßenkinder. Doch er ist ein Stachel in unserem Fleisch, damit wir die Verbindung mit der Straße nicht verlieren und uns nicht mit unserem Erfolg begnügen. Er überlistet uns zu jener zweiten Meile, von der die Bibel spricht, zu jenem Mehr, das die Überraschung entbindet: „Wenn dich einer zwingt, eine Meile mit ihm zu gehen, dann geh zwei Meilen."

Oft werde ich gefragt, woher ich meine Kraft beziehe, eben jene zweite Meile zu gehen. Das Wort bezieht sich auf eine konkrete historische Situation zur Zeit Jesu: Ein römischer Legionär, also ein Besatzungssoldat, konnte jeden Judäer zwingen, sein Gepäck eine Meile zu tragen. Allerdings nur eine Meile. Welche Überraschung, wenn der Unterdrückte freiwillig eine zweite Meile mit dem Legionär geht, wenn der Feind zum Freund wird!

**Alles Große in der Welt geschieht nur, wenn jemand mehr tut, als er tun muss.**

Psychologisch interessant ist, was dabei geschieht. Die erste Meile muss ich gehen, die zweite Meile gehe ich freiwillig. Wenn es nun ein Soldat ist, der mich mit Waffengewalt zwingen kann – wird er nicht durch meine Freiwilligkeit „entwaffnet"? Dieses Beispiel Jesu meint: Wenn ich auf etwas verzichte, das mir vordergründig zusteht, gewinne ich eine Beziehung, gewinne ich vielleicht alles.

Die zweite Meile setzt Energie frei. Es ist das scheinbar Aussichtslose, es sind die Schwierigen, die uns antreiben, die in uns aber auch jenes Licht aufleuchten lassen, das unseren Weg erhellt. Ein Mann, den ich wegen seiner Leistung und Menschlichkeit tief bewundere, hat mir einmal geschrieben: „Alles Große in der Welt geschieht nur, wenn jemand mehr tut, als er tun muss."

In der Sozialarbeit können wir niemals allen, die es benötigen würden, einen Platz geben. Wen nehme ich auf, wen lasse ich zurück? Um dies zu entscheiden, hilft mir ein Trick: Ich stelle eine Aufgabe. Ich mache Jugendliche auf der Straße zu meinen

Assistenten, gleichsam zu Sozialarbeitern. So haben sich zum Beispiel eines Tages zwei jugendliche „Vagabunden“ in Bukarest für den vierjährigen Răzvan eingesetzt und ihn zu mir gebracht. Die eigentliche Überraschung aber war, dass die beiden Jugendlichen durch ihren Einsatz für den Kleinen selbst einen Sprung machten: Sie gaben die Drogen auf und begannen mit Gelegenheitsarbeiten. Später konnten wir sie in eine Wohngemeinschaft aufnehmen. Was war nach den Jahren der Verwahrlosung auf der Straße der Schlüssel zu ihrer Rettung? Sie kümmerten sich um die Kleinen, übernahmen Verantwortung für Schwächere und wurden dadurch selbst stark. Sie retteten ein Kind und wurden selbst gerettet.

Wenn die Übernahme von Verantwortung Straßenkinder und Obdachlose aus dem Abgrund ziehen kann, um wie viel mehr kann Solidarität das Leben von behüteten und satten Menschen reich machen! So wie die Elternliebe ungeahnte Kräfte freisetzt, so stärkt uns die Zuwendung zu denen, die uns brauchen. Ich kann von mir sagen, dass mich meine Schützlinge unter Strom setzen. Wer die Not berührt oder von ihr berührt wird, bekommt den Impuls, aktiv zu werden, eine zweite Meile zu gehen. Meine Arbeit macht mir Mut, weil ich täglich erlebe, was ein Einzelner, eine Gemeinschaft verändern kann. Ich erlebe, wie reich Arme sind und werden, in welchen Gefahren Reiche sind, aber auch, welche Chancen sie haben. Der Weg mit Arm und Reich und der Skandal der Kluft zwischen ihnen provoziert mich zum Kämpfen und setzt immer neue Kräfte frei. Und wer sich hingibt, darf mit der Macht Gottes rechnen. Das ist die spirituelle Seite unserer Arbeit, in einem anderen, höheren Sinn eine zweite Meile auf unserem Weg.

**Wer die Not berührt oder von ihr berührt wird, bekommt den Impuls, aktiv zu werden, eine zweite Meile zu gehen.**

### *Der Weg zu den Hoffnungskindern*

Kurz nach der Revolution vom Dezember 1989 in Rumänien drangen erschreckende Berichte zu uns: Hunderte Kinder und Jugendliche würden dort auf den Straßen herumstreunen. Sie hätten die entsetzlichen Kinderheime verlassen und suchten jetzt ihr Auskommen am Bahnhof, durch Betteln, durch Stehlen, durch Prostitution. Das war das Ergebnis der Ceauşescu-Ära. Die Frauen waren damals unter Druck gesetzt worden, Kinder zu bekommen, da der Diktator ein starkes, junges Volk haben wollte. Viele Eltern sahen sich außer Stande, ihre Kinder zu betreuen, und steckten sie ins Heim. Die heillos überforderten Pflegerinnen konnten den Kindern kaum die nötige Zuwendung bieten. Als diese Ära zu Ende war, öffnete man die Kinderheime oder die Kinder rissen aus; alles schien besser als ein Heim, das mehr ein Gefängnis denn ein Zuhause war.

Ein Jahr nach dem Fall des Eisernen Vorhangs fragte mich der Provinzial des Jesuitenordens, mein Oberer: „Willst du nicht für sechs Monate nach Rumänien gehen und dich dort um Obdachlose kümmern? Allerdings sind sie noch klein; es sind Kinder." Gedacht war an die Errichtung eines Heims für ungefähr zwanzig Kinder. Ich wusste nicht viel von Rumänien, konnte kein Wort Rumänisch. Doch aussichtslose Aufgaben haben mich schon immer gereizt. Wenn ich mich auf etwas beschränken möchte, dann auf aussichtslose Fälle. Ich erinnere mich, dass einer meiner Schützlinge im Obdachlosenheim in der Blindengasse, ein Alkoholiker, auf meine Frage, wie er denn im Gefängnis an Alkohol komme, antwortete, er würde auch in der Wüste noch eine Flasche Schnaps finden. Dieses Gefühl, gegen alle Widerstände etwas durchsetzen zu können, kenne ich und es leitet mich.

In dieser Hoffnung und mit der Bereitschaft, vieles zu lernen, brachen wir am 28. Oktober 1991 mit Vorräten und ein paar Schlafsäcken nach Rumänien auf. Ich hatte keine Ahnung, dass aus den veranschlagten sechs Monaten in Bukarest viele Jahre werden würden. Hätte man damals gesagt: Du verbringst den Rest deines Lebens in Rumänien, hätte ich wahrscheinlich geschluckt. Doch der liebe Gott ist milde und hat es mir leicht gemacht, ins Wasser zu springen. Wenn man dann im Wasser ist, schwimmt man. Heute habe ich stolz einen rumänischen Pass, der so viel sagt wie: Ich bin ein Rumäne. Ich stelle mir nicht vor, dass ich „meine Kinder" dort noch einmal verlassen werde.

Dem Ruf nach Rumänien waren auch einige Mitarbeiter aus der Blindengasse gefolgt. Wir wollten mithelfen, den Straßenkindern eine Heimat zu geben, doch ahnten wir, dass dieses Problem nur die Spitze eines Eisbergs sein würde. Das Land brauchte Wärme und Hoffnung. Würde die Jugend den Aufbruch schaffen?

### *Ein hoffnungsfroher Beginn*

Es herrschte damals eine schwierige Situation in den Straßen von Bukarest, besonders um den berüchtigten Nordbahnhof, den Gară de Nord. Als wir aus dem Zug stiegen, waren wir im Nu von einer riesigen Horde umringt. Binnen Minuten versammelten sich dutzende Kinder und Jugendliche um uns, schmutzige Gestalten mit geisterhaftem Blick. Die meisten hatten ein Plastiksäckchen vor dem Mund, aus dem sie die Dämpfe eines beißend riechenden silberfarbenen Lacks schnüffelten, um den schlimmsten Hunger, die Schmerzen und die Verlassenheit zu betäuben. Drogensüchtige hatte ich schon viele gesehen, aber noch keine so jungen; ich erinnere mich noch, dass ich dachte: Das ist die Hölle auf Erden.

Anfangs hausten wir in einer kleinen Wohnung; wenn wir Gäste hatten, mussten sie unter dem Tisch schlafen. Wir haben miteinander gebetet, geschrubbt, gearbeitet und alles andere ergab sich irgendwie von selbst. Zum Beispiel das erste Zentrum für verwahrloste, obdachlose, drogensüchtige Kinder und Jugendliche entstand in der Straße Alexe Marin, ganz in der Nähe des Nordbahnhofs. Es dauerte zwei Monate, das Haus zu entrümpeln und herzurichten. Bald konnten wir fürs Erste zwanzig der Kinder vom Bahnhof aufnehmen. Ein Mitarbeiter hatte inzwischen ein zweites Haus gefunden, in dem wir zumindest über Nacht und für erste Hilfen weitere zwanzig Kinder und Jugendliche unterbringen konnten; das nächste sollte eine eigene Wohngemeinschaft für die schulfähigen Jugendlichen sein. Jeden Nachmittag um vier Uhr gingen wir zum Nordbahnhof, um nach dem Vorbild des Canisibus in Wien den Kindern Brot zu bringen. Wenn es freie Plätze in unseren Jugendhäusern gab, nahmen wir einzelne Kinder mit nach Hause. Schon wenn sie gewaschen und frisch angezogen waren und etwas zu essen bekommen hatten, begannen ihre Augen wieder zu leuchten.

Waren die ersten Bedürfnisse der Kinder gestillt, kam die Suche nach der Herkunft. Woher kommst du? Von wo bist du weggelaufen? Gibt es einen Vater, gibt es eine Mutter? Nie fanden wir eine gesunde Familie. Und doch musste die Heilung für unsere kleinen Schützlinge an diesem wunden Punkt – an der Familie – ansetzen. Wie schwer war es für sie, einen Vater anzunehmen, der alkoholkrank und gewalttätig war, oder eine Mutter, die in ihrer Überforderung das Kind verstoßen oder weggelegt hatte! Oder mit Eltern eine Beziehung aufzunehmen, die nicht zu finden oder gestorben waren. Straßenkinder suchen schmerzlich ihre Eltern. Und wir mit ihnen, sonst können wir sie nicht in die Zukunft führen.

Was fehlt den Straßenkindern am meisten? Im Rückblick auf dreißig Jahre Jugend- und Sozialarbeit kann ich eindeutig sagen: der familiäre Raum, die Nestwärme. Wer keine Familie hat, hat keine Wurzeln. Bei den Straßenkindern habe ich gelernt, was es heißt, eine Familie zu haben. Damit meine ich eine Lebensgemeinschaft, in der die Schwachen geschützt sind, die Kinder genauso wie die Alten. Es ist der Raum, in dem ich Gott und den Eltern nahe bin, die miteinander meine Schöpfer sind. Wer sie ehren kann und ihnen Gewicht gibt, dem verheißen Bibel und Psychologie Wohlergehen und langes Leben.

Einen familiären Raum für Kinder ohne Eltern zu schaffen, das verlangt von der Sozialarbeit viel Anstrengung und Aufmerksamkeit. Wichtig sind Zuhören, Spaziergänge, Weihnachts- und Geburtstagsfeiern, das gemeinsame Beten, eben die vielen Zeichen, die einem Haus Wärme geben. Erst wenn diese Lebenskultur geschaffen ist, kann das Materielle zur Hilfe werden. Auch einem Obdachlosen in Österreich nützt die Sozialhilfe erst, wenn er einen familiären Raum findet und darin seinen Selbstwert erfährt. Nur so wird er die Kraft haben, mit dem Geld etwas anzufangen.

Das war der Beginn unseres gemeinsamen Weges mit den Straßenkindern, die zu Hoffnungskindern wurden. Die Umstellung auf eine häusliche Gemeinschaft und das Lernen erforderten von beiden Seiten viel Geduld und Mühe. Für jedes Kind mussten wir einen eigenen Weg finden – eine Familie, eine Schule, ein Krankenhaus und überall viel Zuwendung. So kämpften wir gegen Bettnässen, Hautkrätze und Läuse an. Iulian mit dem „Ratten-Tiger-Gesicht", wie ihn ein Mitarbeiter treffend beschrieb, war anfangs der Jüngste und Wildeste, der Hahn im Korb. Für ihn und für alle Kinder sollte sich zeigen, ob Zuwendung und Gemeinschaft stärker sein würden als die so genannte Freiheit der Straße. In den Notmaßnahmen und äußeren Hilfen ging es immer um das Band und die Kraft der Liebe, die von innen her aufbaut. Diese Liebe sollte auch unsere Überforderung und manches Ungeschick zudecken. Wie in unserem „Mutterhaus" in der Wiener Blindengasse lag das Geheimnis in der Gemeinschaft, die uns durch die große Aufgabe geschenkt war.

Zu unseren Mitarbeitern gehörten auch bereits Rumäninnen und Rumänen, mit denen wir die täglichen Arbeiten teilten; das sollte so lange dauern, bis wir Ausländer überflüssig würden. Aber wir erkannten bald, dass es einen längerfristigen Austausch brauchen würde, um hier nach den Jahrzehnten des Kommunismus den Idealismus und die Hoffnung im Volk für die bedrängenden

Aufgaben des Landes stark genug zu machen. Die wirtschaftliche Lage schien hoffnungslos und auch in der politischen Landschaft gab es noch wenig Vertrauen in eine bessere Zukunft. In diesem Dunkel sollten die Kirchen und unsere kleine Gemeinschaft ein Licht sein.

Am 24. Dezember 1991 konnten wir an der Piața Concordiei 6 ein altes Haus kaufen, das unter der Leitung unseres Baumeisters innerhalb eines Monats generalsaniert wurde. Die neue Adresse war symbolisch: Durch „Concordia" – durch das Zusammenführen der Herzen, durch die Zusammenarbeit vieler – hatten wir nun ein helles und schönes „Internationales Caritashaus" bekommen, in dem die Mitarbeiter aus der Blindengasse und aus aller Welt Ruhe finden konnten. Hier sollte ein langfristiger Austausch zu Gunsten der Straßenkinder stattfinden, menschlich, religiös und organisatorisch. Ein offenes Haus für alle, die mithelfen wollten!

Unser Projekt „Copiii strazii" – so heißen auf Rumänisch die Straßenkinder – war in Bewegung geraten. In Cioplea, einem Stadtteil von Bukarest, wurde eine Wohngemeinschaft eröffnet, wo wir neun Mädchen aufnahmen; Ilie, ein kleiner Bub, war das Salz in der Suppe. Die Mädchen in Cioplea hatten vorher im Nachtquartier in der Strada Petru Maior 92 und dann im Kinderhaus Alea Alexe Marin 8 gewohnt. Das waren nun unsere vier Häuser in Bukarest, wobei wir darauf achteten, die Programme stufenweise voneinander abzugrenzen, um den Kindern die Möglichkeit zu geben, mehr und mehr eine äußere und – hoffentlich – innere Ordnung anzunehmen. Der Übergang vom Leben auf der Straße zu einem geordneten Leben mit festen Strukturen war nicht leicht. Hoffnungsvoll stimmte uns, dass die Kinder immer seltener davonliefen; das bedeutete, dass die Gemeinschaften stabiler wurden.

Am Vormittag fanden für alle Kinder drei Unterrichtsstunden statt, in denen Lesen, Schreiben, Malen, Rechnen, Religion gelehrt wurden. Die Sozialarbeiterausbildung geschah durch die Praxis, die vom nächtlichen Wecken der Bettnässer über das pünktliche Frühstück, die gemeinsame Hausreinigung, den Unterricht, den Nachmittagsspaziergang, Badetage, permanentes Streitschlichten und Krankenpflege bis zu religiösen Fragen reichte. So ging es etwa darum, wer das Kreuzzeichen orthodox oder lateinisch machte – manche konnten es überhaupt nicht.

Für unsere Großen suchten wir Arbeitsplätze, indem wir einfach von Haus zu Haus gingen und fragten. Für zwei Vierzehnjährige, Ionut und Marian, fanden wir in benachbarten Werkstätten Arbeit, für die schwierigeren Kinder – die meisten – planten wir eigene Werkstätten einzurichten. Und wir träumten auch schon von einer Landwirtschaft. Die Suche nach Land, Geld und guten Mitarbeitern nahm einen großen Teil unserer Zeit in Anspruch. Vielleicht würde daraus einmal ein ganzes Dorf für eine „Jugend mit Zukunft“ in Rumänien werden.

Mühsam war der tägliche Papierkrieg mit Ministerien und Ämtern, um als eigener Verein und als Erziehungseinrichtung offizielle Anerkennung zu erhalten. Gebete und gute Freunde leiteten uns in den täglichen Überraschungen, ermutigten uns, zu träumen und richtig zu entscheiden.

Nach sechs Monaten, also jener Zeit, die ursprünglich für unseren Aufenthalt vorgesehen gewesen war, stand das Werk. Es gab inzwischen fünf Häuser für über hundert Straßenkinder mit dreißig rumänischen Betreuern sowie ausländischen Freiwilligen und Fachkräften. Doch wir wollten unsere Kinder noch nicht allein lassen und blieben in Bukarest. Das therapeutische Konzept musste weiterentwickelt werden, finanzielle Unterstützung aus dem Ausland war notwendig und vor allem verlangte die Ausbildung der rumänischen Mitarbeiter nach unserem vollen Einsatz.

Aus dem ursprünglich geplanten kurzfristigen Hilfseinsatz war ein größeres Werk geworden. Deshalb gründeten wir im Jänner 1992 den Verein Concordia.

Welche Perspektive hatten unsere Jugendlichen? Mit dem Einzug in ein Kinderhaus stellte sich die Frage nach der Ausbildung. Die Kinder mussten etwas lernen, sonst hätten sie mit ihrer Energie andere und sich selbst zerstört. Sie brauchten ein eigenes Programm, „back to school", um Konzentration und Disziplin als Voraussetzung für den Schulbesuch zu trainieren. Wir versuchten alle Kinder wieder in die öffentlichen Schulen zu integrieren. Der Altersunterschied zu den regulären Schülern war manchmal ein Problem, doch die Eingliederung in die Umgebung und unter Kinder aus intakten Familien lohnte es.

Freunde gingen, neue Helfer kamen. Ich spürte, dass unter den Mitarbeitern eine Gemeinschaft im Wachsen war, die über die Zeit in Bukarest und in der Blindengasse hinausreichen würde. Bleibendes verband uns. Um die Verbundenheit miteinander und mit unserem biblischen Vorbild Paulus, dem „Grenzgänger", zu vertiefen, wurde die Idee einer Scha'ul-Schule geboren (die Bezeichnung leitet sich vom hebräischen Namen des Paulus her), in der auch die Freiwilligen auf ihren Einsatz in Rumänien vorbereitet werden. In der Sozialarbeit sind wir wie Paulus Grenzgänger oder Menschen am Rand, aufs Äußerste gespannt. Ich war neugierig, was diese paulinische Bibelschule aus uns machen würde.

Neben Paulus waren unsere wichtigsten Lehrer die Kinder selbst. Mit ihnen gemeinsam suchten und erkämpften wir die Spielregeln für die Kinderhäuser, bewegt von der Frage: Wie können wir die tiefste Wunde der Straßenkinder heilen, ihre Beziehungslosigkeit? Der kleinste Konflikt ließ sie weglaufen. Nur wer die Möglichkeit hat, mit den Straßenkindern zu leben, kann ihre Empfindlichkeit verstehen. Es braucht lange, bis Vertrauen wächst.

Der Freitagabend wurde im Haus Alexe Marin zu einem wichtigen Termin. Da tagte das Kinderparlament, die „Sedinta copiilor", bei dem die Kinder ihre Vorschläge und Anliegen vorbrachten. Sie sollten spüren, dass sie mit ihren Gedanken und Wünschen ernst genommen wurden. Auch die Renovierung des Hauses diskutierten wir mit ihnen, wobei viele lustige Ideen zu Tage kamen, aber auch die Warnung, bescheiden zu sein. Iulian beendete die lange Wunschliste seiner kleinen Kollegen, die bis zum eigenen Schrank und zum Sportplatz reichte, mit der empörten Frage: „Wer soll denn das alles bezahlen? Oder wollt ihr in Zukunft dafür auf euer Essen verzichten?"

**Die Kinder beflügelten unsere Fantasie und weckten in uns die nötigen Kräfte, den langen Atem für die zweite Meile.**

Die Kinder beflügelten unsere Fantasie und weckten in uns die nötigen Kräfte, den langen Atem für die zweite Meile.

***Eine Farm für Kinder***

Im Juni 1992 konnten wir in Aricesti, achtzig Kilometer von Bukarest entfernt, ein ungefähr zehn Hektar großes Grundstück kaufen, wo sich früher eine Kolchose befunden hatte; dort wollten wir unsere „Farm für Kinder" errichten. Mit einem Lastwagen zogen wir aufs Land, beladen mit Säcken Maisgrieß, einem Fass Schafkäse und Tomaten vom Markt, Kochtöpfen, Decken und Werkzeug. Am Bahnhof in Bukarest hatten wir eine wartende Horde Kinder mitgenommen. Nach zwei Stunden war die seit Jahren verlassene Kolchose erreicht. Aus Gießkannen konstruierten wir zwei Duschen für die Mädchen und für die Buben; das Wasser schöpften und schleppten die Kinder aus der Zisterne. Drei freiwillige Helfer waren mit mir aus Wien gekommen.

Nun begann die Arbeit auf dem brachen Land und in den zerfallenen Ställen. Es war wunderbar, die Begeisterung der Kinder zu erleben, wenn sie Tiere streichelten, sich auf dem Feld austobten und mit uns Häuser bauten. Unsere Farm sollte eine Schule der Sinne werden. „Liebe zum Anfassen" würde auch bei den Straßenkindern die Wunden der Beziehungslosigkeit heilen, davon war ich fest überzeugt. Eine Bausteinaktion sollte es uns ermöglichen, Ställe zu renovieren, Tiere zu kaufen und Kinderhäuser zu errichten. Die alten Gebäude wurden schnell winterfest gemacht und

Baracken aufgestellt, sodass das Leben beginnen konnte. Aus Salzburg kamen Pinzgauer Kühe, bestaunt von Kindern und Nachbarn; die Tiere sollten auch die Zucht im Dorf verbessern.

Die Blindengasse hatte uns ein Leitungsteam geschickt, das unermüdlich im Einsatz war und unser Dorf für die Straßenkinder aufbaute. Das messianische Bild vom Tierfrieden – „dann wohnt der Wolf beim Lamm“ (Jes. 11,6.) griff auf die Kinder und die Mitarbeiter über. Dazu hatten wir rumänische Helfer, die uns für die Zukunft hoffen ließen. Unter ihnen war Fabian, der aus dem Moldaugebiet kam und gerade die Schule abgeschlossen hatte. Nach drei Tagen wollte er nichts wie weg, es war ihm alles zu wild, aber irgendwie konnte ich den Neunzehnjährigen doch halten. Er stammte aus einer Bauernfamilie und packte zu. Wir brauchten starke Hände. Später gründete Fabian eine eigene Familie und wurde zum Vater für die Farm. Hundert Kinder vertrauten ihm, ebenso wie die Erzieherinnen und Lehrer in den Werkstätten. Fast wortlos dirigierte er die große Farmfamilie.

Mein zweites Weihnachtsfest in Rumänien feierte ich mit vielen Kindern, Mitarbeitern und Freunden, im Herzen besonders mit meiner „ersten Familie“ in der Blindengasse und mit meiner Mutter in Vorarlberg verbunden. Am letzten Sonntagmorgen des Jahres ging ich nach der Messe zum Bahnhof, um Kinder zu treffen. Die kamen dann aus dem stickigen Kanal gekrochen, die meisten mit dem schrecklichen Drogenlack, dem Aurolac, im Plastiksäckchen. Sechs-, Siebenjährige fand ich auf einer Baustelle schlafend. Im Polizeigefängnis hing eine ganze Horde Kinder an den Gittern. Die Wärter waren freundlich, ich konnte den Kindern Schokolade hineinreichen und wir durften sie alle am Abend abholen und auf unsere Farm bringen.

Unsere Arbeit machte Fortschritte. Die Kinderhäuser in Bukarest waren renoviert; wichtiger noch war, dass Gemeinschaften gewachsen waren und Kinder ihre Wege gefunden hatten. Nach langer Vorbereitung gingen einige ab Jänner 1993 schon zur Schule. Alle Hürden der Bürokratie und Prognosen der Psychologie hatten sie übersprungen. Es geschahen Heilungswunder in Bukarest! Wir hofften nur, dass sich immer mehr Erwachsene in Rumänien von diesen Wundern überzeugen lassen würden, damit sie im Land bleiben und es verändern wollten, anstatt vom reichen Westen zu träumen. Der Weg in eine bessere Zukunft Rumäniens erschien mir wie der Zug durch die Wüste, mühevoll und sehr weit. Doch unsere Kinder würden verlässliche Anführer sein, darauf vertraute ich.

---

**GRIGORE SERBANA, 20 JAHRE,
EHEMALIGES STRASSENKIND, JETZT FAMILIENVATER**

*Mein Leben ist gefüllt mit Erlebnissen. Ich komme aus einer Familie mit vielen Kindern. Meine Mutter war zweimal verheiratet und sagt, wir seien vierzehn Geschwister. Ich habe nie alle kennen gelernt, nur drei Mädchen und sechs Buben. Am meisten war ich mit Iulian und Daniel zusammen. Als ich klein war, haben unsere Eltern die Wohnung in Bukarest verkauft, keine Ahnung warum. Wir mussten umziehen. Weil die Eltern den ganzen Tag gearbeitet haben, manchmal auch nachts, waren wir meistens allein. Als Kind musste ich für alle das Essen herrichten. Manchmal haben wir nur Brot mit Zucker gegessen, weil wir nichts anderes hatten. Eines Nachts hat Daniel vergessen, eine Kerze auszublasen. Die Wohnung hat gebrannt. Zwei Zimmer sind mit allen Möbeln ausgebrannt. Ein Nachbar hat uns geholfen, aus den Flammen zu kommen. Das war noch vor der Revolution. Der Vater hat uns zu sich an den Arbeitsplatz mitgenommen, von da ab haben wir alle in einer heruntergekommenen Baracke gewohnt.*

*Tagsüber waren wir auf der Straße, in die Schule sind wir nicht mehr gegangen. Wir haben gespielt, haben beim Müll alle möglichen Dinge gefunden, die wir verkauft und womit wir Geld verdient haben. Wir sind in Kioske und Läden eingebrochen, da haben wir Süßes und*

*Lebensmittel gestohlen. Einmal haben wir einen Lottokiosk aufgebrochen, da hat uns die Polizei erwischt, aber sie haben uns nichts gemacht. Sie haben unsere Eltern geholt und uns wieder laufen lassen. Wegen der vielen Probleme hat Mama angefangen zu trinken, auch der Papa hat manchmal getrunken. Immer öfter gab es einen Skandal mit ihnen. Weil wir nichts zu essen hatten und auch keine richtige Wohnung, habe ich Daniel, den Jüngsten, genommen und bin mit ihm zur Polizei gegangen. Sie haben uns in ein staatliches Kinderheim gebracht, das Cireşarii hieß. Fast sechs Monate waren wir dort. Es war sehr schwierig. Die Großen haben uns oft geschlagen und misshandelt. Es hat mich vieles geärgert und ich habe angefangen, mich mit ihnen zu prügeln.*

*Weil wir dort immer schwieriger geworden sind und auch ich Daniel nicht mehr im Griff hatte, hat uns der Psychologe einen neuen Platz gesucht. Während dieser Zeit hat ein Mitarbeiter von* CONCORDIA, *Valentin, unseren Bruder Iulian auf der Straße gefunden. Er hat ihn ins Kinderhaus Sf. Paul gebracht. So wollten wir auch dorthin. Es war nur ein Platz frei. Sie haben mich aufgenommen und Daniel ist auf die Farm gekommen.*

*Damals war ich dreizehn Jahre alt. In den folgenden vier Jahren in Sf. Paul habe ich viel gelernt. Ich bin in die Schule gegangen, bis ich die achte Klasse abgeschlossen hatte. Dann hat der Hausleiter mit uns besprochen, wie es weitergeht. Er hat gefragt, ob wir nicht auf der Farm die Ausbildung als Bäcker beginnen wollen. Weil Iulian und mir der Beruf gefällt, haben wir Ja gesagt und sind auf die Farm gezogen. Hier war es am allerschönsten. Wir haben die Berufsschule gemacht und uns mit allen gut verstanden. Nach zwei Jahren haben wir unser Diplom bekommen. Darauf bin ich sehr stolz. Ich habe mich sehr zum Guten verändert, das Leben hat mir zum ersten Mal richtig gefallen.*

*In dieser Zeit habe ich Cristina, ein Mädchen aus dem Dorf, kennen gelernt. Sie hat sich vor mir gefürchtet, weil sie geglaubt hat, ich sei ein Vagabund und Straßenkind. Ich habe es geschafft, ihr Vertrauen zu gewinnen, zum Ärgernis ihrer Eltern; sie wollten mich überhaupt nicht. Sie haben mich sehr gekränkt. Einmal hat mich ihr Vater sogar geschlagen. Er hat gesagt, ich sei ein Lump, obwohl ich mich immer in ihrer Familie sehr gut benommen habe. Aber trotzdem habe ich es erreicht, dass wir jetzt zusammen sind. Am meisten haben mir die Erzieher auf der Farm und Ruth geholfen. Auch jetzt weiß ich, dass* CONCORDIA *immer hinter mir steht. Letztes Jahr habe ich geheiratet. Wir haben ein schönes und gesundes Kind, wir haben ein Häuschen, unser eigenes Heim. Ich arbeite in der Fleischabteilung in einem Supermarkt, ich verdiene nicht sehr viel, aber wir kommen durch. Die Eltern von Cristina haben mich noch immer nicht wirklich angenommen, ich fühle mich noch nicht als Mitglied ihrer Familie. Aber ich werde weiterkämpfen für meine Familie, denn sie sind keine schlechten Leute. Sie können nur nicht verstehen, woher ein Straßenkind kommt.*

---

In unserer CONCORDIA-Zentrale in Wien hatte sich in dem einen Jahr viel getan. Die Scha'ul-Schule nahm Formen an. Hier versammelte sich der „harte Kern" unserer ehrenamtlichen Mitarbeiter, die sich einem „Leben an den Grenzen" verschrieben hatten und zu Hause waren bei den Straßenkindern oder bei den Obdachlosen in Wien. In den gemeinsamen Exerzitien am Beginn des Advents spürten wir dieses sichere Wissen umeinander und um unsere Berufung, wie Paulus an die Grenzen zu gehen. Im dritten Jahr unseres Projekts ging es nicht mehr um Expansion, sondern um die innere Stabilität des Werks. Die Kinderhäuser in Bukarest waren voll; im Winter 1993/94 hatten bereits hunderte Kinder in unserem Sozialzentrum am Bahnhof das Nötigste und erste Schritte in eine Zukunft gefunden. Wir konnten auch die Stadt Bukarest dazu bewegen, ebenfalls ein Sozialzentrum für die Bahnhofskinder ins Leben zu rufen. Auf der Farm nahmen die Kinderhäuser und Lehrwerkstätten Gestalt an. Unsere Architekten leisteten unter schwierigen Bedingungen Ungeheures. Die Leiterin der Kinderfarm hatte für ihre Schützlinge einen Spezialkurs eingerichtet, damit alle zu einem Schulabschluss und in eine Lehre kommen konnten. Ein Mitarbeiter kümmerte sich um das Geschäftliche; das Leben auf der Farm sollte ja immer mehr durch eigene Produktion finanziert werden. Eine Mitarbeiterin bildete Erzieher/-innen für die entstehenden Hausgemeinschaften aus. Alle waren täglich durch die Kinder herausgefordert. Würden wir den seelischen Verletzungen, Aggressionen, Drogenproblemen, Körperbehinderungen, Lernschwierigkeiten und dem maßlosen Nachholbedarf an Zuneigung standhalten? Und doch waren es eben diese schwierigen Kinder, die unsere Begeisterung und Liebe weckten. „Bravo, copiii", bravo, Kinder, lobte der kleine Paulica gelegentlich die Erzieher, die er überforderte. Doch sie mochten ihn und er wurde auch ruhiger, obwohl er so traumatisiert war, dass er einen Erzieher für sich allein beanspruchte.

***Wie soll es weitergehen?***

Für die Zukunft bereitete der Erzbischof von Bukarest Priester für den Sozialeinsatz vor. Neben überfüllten Kirchen war dies ein verlässliches Zeichen des kirchlichen Aufbruchs in Rumänien. Nach fünfzig Jahren Krieg und Diktatur kann ein Land nicht von heute auf morgen seine Probleme lösen. Unsere bescheidene Kirche – acht Prozent der Bevölkerung sind katholisch – war ein Licht, ebenso wie die Kinder von der Straße, um die sich nach der Übernahme unseres Projekts nun der Erzbischof annahm. Besonderen Wert legten wir auf ökumenische Beziehungen mit der orthodoxen Kirche; dies war auch im Hinblick auf die religiöse Kindererziehung wichtig. Überdies galt es, eventuelle Ängste abzubauen, wir würden die Kinder ihrem angestammten Glauben abspenstig machen.

Die laufende Betreuung der Werke, die wir begonnen hatten,

kostete viel Kraft und Geld. Das Durchhalten war schwieriger als das Beginnen. Doch unsere Wohltäter in der Heimat standen uns mit großzügigen Spenden zur Seite. Es waren und sind Menschen aus allen Teilen der Bevölkerung, von Managern aus der Wirtschaft, die größere Projekte finanzieren, über Politiker, Sportler und Künstler bis zu Pensionisten, die auf Notwendiges verzichten, um uns helfen zu können, und Klöstern, die für uns beten. Meine Mutter hat oft kein Fleisch gegessen und gab mir das ersparte Geld für meine Kinder. Manche schrieben uns: „Ich habe im Moment kein Geld, das ich euch geben kann, aber ich verspreche euch, in der Pension zu kommen und euch zu helfen." Das sind die geistigen Mächte, die uns stützen.

1994 frequentierten bereits etwa zweihundert Kinder und Jugendliche unser Sozialzentrum am Bahnhof. Duschen, frische Wäsche und Kleider, medizinische Hilfe, Spielen und Betreuung, Beratung und Trösten, die Beschaffung von Notquartieren und die Suche nach Perspektiven und Wohnplätzen für die einzelnen Kinder waren eine große Aufgabe. Einen Fortschritt sah ich darin, dass nun alle unsere Unternehmungen in Bukarest von rumänischen Mitarbeiter/-innen geleitet wurden; Ausländer waren nur noch Begleiter und Helfer.

Wer sich im Sozialzentrum bewährt, zu Regelmäßigkeit und Ruhe gefunden hatte, wollte bleiben. Dann stellten sich Themen wie Schule, Ausbildung, ein fester Platz im Zimmer, eine bleibende Gemeinschaft. Dafür galt es, einen Platz in einem Kinderhaus zu suchen. Unsere Kinderhäuser haben acht, zwölf oder achtzehn Plätze. Die kleine Gemeinschaft ist entscheidend, weil sie die Wärme der fehlenden Familie ersetzen soll. Große Kinderhäuser und „Kasernen", wie sie früher üblich waren, können das tiefe Bedürfnis der Straßenkinder nach Geborgenheit nicht erfüllen. An erster Stelle müssen Nähe und Wärme angeboten werden, nicht Disziplin und Ordnung, die erst als Zweites folgen können. Eine Gemeinschaft lebt ganz von einer Person, die Vater oder Mutter im Haus ist, am besten beides. Auch Volontäre, die mit den Kindern ein Jahr im Haus leben, spielen eine wichtige Rolle. Jedes Haus und jede Gemeinschaft braucht einen Menschen in der Mitte, der sein Leben mit den Kindern teilt. Ordensleute und Menschen, die ihr Leben für andere einsetzen, empfangen hier das hundertfache Glück als Antwort auf einen Verzicht.

Auf unserer Farm lebten inzwischen mehr als zwanzig Kinder und Jugendliche; alle besuchten einen Intensivkurs für einen Schulabschluss oder arbeiteten in den provisorischen Werkstätten. Die ausländischen Fachkräfte schulten rumänische Meister für den Aufbau der Lehrbetriebe. Bis zum Winter 1994 sollten zehn Familienhäuser zu je acht Plätzen, die neuen Werkstätten, die Kapelle, das Verwaltungsgebäude und der Stall schrittweise fertig gestellt werden. Außerhalb der Farm betrieben wir einen Brotladen, einen Secondhandshop und renovierten zwei Wohnhäuser für Mitarbeiter. Damit wollten wir sicherstellen, dass kein Ghetto entstand, und wir wollten wirtschaftliche Grundlagen für eine Verselbstständigung des Projekts schaffen.

Allmählich wurde unsere Farm zu einem richtigen Dorf. Die Kinder zogen in die bunten Häuser ein, die Jugendlichen lernten in der Bäckerei, Tischlerei, Schlosserei, Landwirtschaft. Die Kapelle, mit eigenen Händen gebaut, war sehr schön geworden. Auch das Verwaltungsgebäude war fertig, ein Verwalter sollte bald kommen. Den Bau eines Gemeinschaftshauses für Sport, Versammlungen, Feste mussten wir einstweilen aufschieben. Vorher brauchten wir Paten, die uns halfen, die hundert Kinder zu ernähren und auszubilden. Was übrig blieb, würden die Kinder bekommen, die noch auf der Straße waren.

Streetwork und das Sozialzentrum am Bahnhof beanspruchten zwei Teams. Immer wieder bekamen wir Besuche und Hilfslieferungen, viel mehr aber noch Anfragen und Bitten. Das schwere Erbe von fünfzig Jahren Diktatur war noch lange nicht aufgearbeitet und der wirtschaftliche Wandel brachte zunächst für viele neue Nöte. In diesem Umbruch waren unsere Kinder, die aufblühten, ein Licht und eine Hoffnung im Land. Die Straßenkinder zeigten den Kirchen, dass die Verkündigung des Glaubens und der Einsatz für Gerechtigkeit eine Einheit bildeten. In allem, was in unserem Projekt geschah, durften wir miterleben, wie eine natürliche menschliche Brücke zwischen Ost und West entstand. Die Kinder retten und erweitern für mich Europa, als Gegengewicht, als Spannungsverhältnis zur Wirtschaft, die die Vorhut der europäischen Einigung bildet; erst dann rückt die Politik nach. Der erste Punkt ist also der Austausch, der zweite die Transzendenz, der Bezug nach oben.

**Die Kinder retten und erweitern für mich Europa.**

Jesus hat den „offenen Himmel" denen verheißen, die mit ihm das Unterwegssein und den Traum von der Geborgenheit teilen. Die Zusage gilt für die Straßenkinder und für alle, die mit ihnen verbunden sind – durch Einsätze, Spenden und gute Gedanken. Wenn wir auf unsere kleinen Flüchtlinge schauten, öffnete sich dann nicht der Himmel? Uns alle hatten die Straßenkinder befreit aus Gedankenlosigkeit oder Unzufriedenheit, aus unserer satten Welt, weil sie uns das eigene Glück entdecken ließen und uns zum Helfen, zum Geben, zum Beten bewegten. Sie waren es, die mein Leben reich machten, sie gaben Sinn und eine Geborgenheit, die mir niemand mehr nehmen kann. Umgekehrt hatte unsere sichtbare und unsichtbare Gemeinschaft, in die wir die Kinder aufgenommen hatten, hunderte aus der Hölle der Straße herausgeholt.

Manchmal erlebten wir Rumänien wie in einem bedrohlichen Sturm, dann wieder spürten wir ein sanftes Säuseln: „Ich bin mit dir." Freunde halfen uns, die Verantwortung für das Werk zu tragen. Wer hätte allein die Kraft für den weiten Weg gehabt, den wir mit unseren Kindern gehen wollten?

Nach fünf Jahren des gemeinsamen Weges waren viele unserer Schützlinge keine Kinder mehr. Sie hatten die Schule beendet und mussten aus dem Haus. Wir suchten Lehrstellen, die Rücksicht nahmen auf verletzte Kinderseelen. Manchmal hatten wir Glück. In unseren eigenen Lehrwerkstätten auf der Farm bildeten wir Bäcker, Tischler und Schlosser aus. Dafür gab es Lehrmeister in Zusammenarbeit mit staatlichen Berufsschulen, die einen offiziellen Lehrabschluss ermöglichten. Gleichzeitig starteten wir Arbeitsprojekte für Jugendliche, die wegen einer Behinderung im offiziellen Arbeitsmarkt keinen Platz fanden. Für manche Jugendliche waren eine Lehrstelle und nach der Ausbildung eine Arbeitsstelle außerhalb unseres Projekts zu suchen, die ihren Interessen und Fähigkeiten entgegenkamen. Soziale Wohngemeinschaften wurden eingerichtet, in denen die jungen Arbeiter selbstständig leben und besuchsweise weiter betreut werden konnten.

Fünf junge Rumänen, die ein Jahr lang bei uns in Bukarest Streetworker gewesen waren, lebten nun in unserem Pfarrhaus in Pulkau in Niederösterreich; sie hatten Deutsch gelernt und wollten Priester werden. Gleichzeitig unterrichteten sie die neuen Mitarbeiter/-innen, die sich in der Scha'ul-Schule für den Einsatz in Rumänien vorbereiteten, in rumänischer Sprache. In unserer dynamischen Gebetsgemeinschaft fehlte es nicht an Überraschungen. Wir glaubten fest daran, dass uns Engel dem Gelobten Land näher führten: einem friedlichen Europa, in dem Sprachen, Kulturen und Kirchen, Arme und Reiche einander respektieren und aufbauen würden.

Bei meinen Gesprächen mit Rumänen, später mit Moldawiern und Ukrainern hörte ich oft heraus, wie wichtig ihnen dieser gegenseitige Respekt ist. Sie meinten damit, sie würden sich erniedrigt fühlen, wenn man bei ihnen immer nur das Negative sehe oder nur von den Anstrengungen und Leiden des politischen Umbruchs rede, auch wenn das Motiv dahinterstehe, andere zum Spenden zu motivieren. Doch wenn man einem Menschen zuerst die Würde nimmt und ihm dann Geld oder materielle Hilfe gibt, dann ist das ein schlechtes Geschäft.

Je länger ich in Rumänien war, desto schmerzhafter klangen für mich die Berichte im Westen über diese Länder. Ich vermisste die Wahrnehmung, dass es doch auch eine Bewegung hin zum Besseren gibt, einen auch geistig-religiösen Aufbruch, von dem in Österreich nicht mehr die Rede ist. Es geht um einen Austausch von Gaben: der eine hat geistige, der andere materielle. Gewinner ist immer der, der die materiellen Gaben einbringt und die geistigen erntet, so sagt es auch schon Paulus. Ich glaube fest an einen Austausch, bei dem man am Ende nicht mehr überlegen muss, wer Gewinner und wer Verlierer ist.

**Es geht um einen Austausch von Gaben: der eine hat geistige, der andere materielle. Gewinner ist immer der, der die materiellen Gaben einbringt und die geistigen erntet.**

In Zusammenarbeit mit dem Erzbischof von Bukarest bauten wir 1997 zwei Kindergärten auf, um verlassenen und überforderten Müttern zu helfen. Immer noch bettelten tagtäglich Kinder um einen Platz. Wir brauchten dringend ein größeres Kinderhaus. Die Kinder auf der Straße drängten uns, mit Mut weiterzugehen, auch im Wissen um die neuen Belastungen, und mit uns die Freunde, die Helfer, die Wohltäter und die Beter, alle, die sich am Werk für die Straßenkinder beteiligten.

Damals berichtete meine engste Mitarbeiterin Ruth Zenkert, die unermüdliche Freundin der Kinder, die mir von der Blindengasse nach Rumänien gefolgt war:

„Die ersehnten Ferien sind da! Alle unsere Kinder haben das Klassenziel erreicht, einige sogar mit Auszeichnung. Nur eine Nachprüfung gibt es. Ein Heimleiter kam mit der stolzen Nachricht von der Lehrerin: ‚Ihr stellt den Klassenbesten!' Die ehemaligen Straßenkinder waren tüchtiger als viele Schüler, die in der Familie behütet aufwachsen können. Nun gilt es, die verdiente Erholung für über hundert Kinder und Jugendliche zu organisieren. In Gruppen fahren wir in die Karpaten oder ans Schwarze Meer. Nur einzelne Kinder haben Verwandte, die sie besuchen können.

Mariana ist heute weinend zu mir gekommen: Sie will nach Hause. Ich frage sie, wohin sie denn will. Sie sagt: ‚Nach Hause will ich, die Erzieherin lässt mich nicht!' Und weint … Es gibt kein Zuhause. Mit zwölf Jahren ist sie die Älteste von vier Geschwistern, die wir aufgenommen haben. Der obdachlose Vater wurde im Dezember im Kanal am Nordbahnhof tot aufgefunden. Die Mutter ist an Krebs gestorben.

Mihai und Costel, zwei Brüder aus der ‚ersten Generation' unserer Schützlinge, packen zusammen. Fünf Jahre waren sie im Haus Sf. Paul, nun ziehen sie in eine eigene Wohnung. Mit ihrem kranken Vater! Der Vater trinkt, die Söhne wollen sich um ihn kümmern. Es ist ein spannendes Experiment. Für die Nachbetreuung der Großen, die den Sprung in die Selbstständigkeit machen, haben wir ein eigenes Team gebildet.

Auf der Farm herrscht Hochspannung. Monica, eine zierliche Sechzehnjährige, erst vor wenigen Wochen zu uns gekommen, wird in diesen Tagen ihr Kind zur Welt bringen. Lange hauste sie am Bahnhof mit den ‚Wilden'. Gigi, der Vater des Kindes, ein ganz verwahrloster Bursche, hat sie viel geschlagen, auch als sie schon schwanger war. Bei der Untersuchung stellte der Arzt beim Kind eine Rückgratverletzung fest. Sie wurde aber im Spital nicht aufgenommen, weil sie in Bukarest nicht gemeldet ist. Wir werden diese bürokratischen Hürden überwinden; vor allem hoffen und beten wir, dass unser Jüngstes gesund auf die Welt kommt."

In unser neues Kinderhaus Sf. Paul übersiedelten Gemeinschaften, die in zwei alten, nicht kindergerechten Häusern lebten. Diese baufälligen Gebäude wollten wir auflassen. Insgesamt würden vierzig Kinder und Jugendliche in Sf. Paul ein neues Zuhause finden. Es liegt nur wenige Minuten vom historischen Stadtkern Bukarests entfernt. In nächster Nähe liegt ein großer Park, der Parcul Carol, in dem die Kinder spielen können. Drei Wohnungen unterschiedlicher Größe sind in Sf. Paul untergebracht, mit Kinderzimmern für zwei, drei und vier Kinder und Jugendliche. Die

Vor dem Sozialzentrum Sf. Andrei in Bukarest.

Oben: Bogdan mit seinem besten Freund.
Unten: Vor dem Essen ein Gebet; vor Georg Sporschill steht Adrian, der „Prinz“ im roten Mantel.

Fröhliche Kinder in der „Stadt der Kinder“ in Ploiești.

Oben: „Christus ist auferstanden“: Iulian malte für Ruth dieses Bild.
Unten: Ruth Zenkert im Sozialzentrum Lazarus.

Oben: Georg Sporschill mit Wolfgang Feneberg, dem Lehrer und Freund.
Unten: Alins Engel.

Oben: Jugendliche vor der Casa Hannes.
Unten: Auf der Farm.

ugendliche arbeiten in den Werkstätten auf der Farm.

Ruth Zenkert, Mutter und Freundin der Kinder.

Zimmer sind bescheiden, aber pädagogisch sinnvoll ausgestattet. In der Mitte des Hauses befindet sich die Kapelle.

Dank der Unterstützung durch die Europäische Union konnten wir unsere Lehrwerkstätten ausbauen; neunzehn unserer Großen hatten mit einer Lehre begonnen. Im März 1998 wurde dann das neue Sozialzentrum für Kinder, Sf. Dimitrie, in Bukarest eröffnet. Die Leitung hatte ein orthodoxer Mönch übernommen. Von hier ging unser Einsatz auf der Straße aus und hier fanden Straßenkinder eine erste Hilfe. Es gab eine Küche, Duschen, ein Kleidermagazin, ärztliche Versorgung und Sozialarbeiter, die mit den Straßenkindern Wege aus ihrem Elend suchten. „Hoffentlich finden wir Wärme, ein Dach über dem Kopf, eine Schule und einen Arbeitsplatz" – das wünschten sich die Kinder, die in ihrem Leben so oft enttäuscht und verletzt worden waren.

Meine Hoffnungskinder waren nicht mehr wegzudenken aus meinem Leben. Wie in einer Familie war der Alltag oft mühsam, zumal einige unserer Kinder jetzt im „schwierigen Alter" waren und mit den seelischen Verletzungen aus ihren ersten Jahren zu ringen hatten. Sie waren nach der Geburt im Krankenhaus nie abgeholt, weggelegt oder verstoßen worden, weil eine Ehe gescheitert war, jemand wegging oder einfach nicht mehr konnte. Die nächste Station waren überfüllte staatliche Heime, die nun erst langsam begannen, besser zu werden; die Überforderung war noch groß. Für viele kam dann die Straße mit ihren zwei Gesichtern: auf der einen Seite die Freiheit, der Zusammenhalt in der Bande, auf der anderen Betteln, Missbrauch, Krankheit, Drogen und Kriminalität. Wenn die Qualen unerträglich wurden, gingen die Kinder mit jedem Menschen mit, mit Verführern ebenso wie mit Helfern. Wann immer ich so ein Straßenkind antraf, fragte ich mich, was wohl aus ihm werden würde.

### *Ein Herz, das für alle Platz hat*

Einer meiner nächtlichen Streifzüge um den Nordbahnhof in

Bukarest. Kinder und Jugendliche kamen aus Kanallöchern, aus dunklen Stiegenhäusern, aus Ruinen und Metro-Stationen und liefen mir nach. Die Horde wurde immer größer und ungestümer. „Wir wollen etwas zu essen! Hast du einen Platz für mich? Es ist kalt, ich möchte Schuhe!“ Andere waren krank, hatten Schmerzen, Fieber, Ausschläge, ein Mädchen war schwanger. Ich fühlte mich überfordert und hatte ein wenig Angst. Ich ging schneller, aber es wurden trotzdem immer mehr, die mitliefen. In einem Geschäft, das auch nachts geöffnet hatte, kaufte ich, was sie sich gewünscht hatten: Brot, Wurst, Milch. Die Verteilung war schwierig.

Ivan wollte nicht essen, sondern mit mir reden. Er hatte einen etwa vierjährigen Buben an der Hand und zog mich ins Vertrauen. „Der ist zu klein, um auf der Straße zu überleben. Für ihn brauchen wir einen Platz auf der Farm.“

Ivan erinnerte mich an Mose, als er die Schafe hütete. Gott sah, wie er einem verlorenen Schaf in die Wüste nachging, und dachte sich: Das ist der Hirte für mein Volk. Ivan rettete nicht nur den kleinen Răzvan, sondern half mir oft am Bahnhof, beschützte mich, führte mich dorthin, wo Kinder in größter Not waren. Später lebte er mit anderen ehemaligen Straßenkindern in einer unserer Wohngemeinschaften, er arbeitete und holte nebenbei seinen Schulabschluss nach. Ivan hat zuerst gerettet und wurde dann selbst gerettet – nicht umgekehrt.

An Ivan sah ich, dass unsere Straßenkinder für ihre Heimat einmal wichtig werden würden. Aber er war nicht der Einzige. Niculae, der ehemalige Straßendieb, wurde Lehrling und wollte später unsere Landwirtschaft übernehmen. Costel, der von seiner psychisch kranken Mutter verstoßen worden war, besuchte sie regelmäßig in der Anstalt und machte seine Gesellenprüfung als Bäcker. Florin kam als psychisch geschädigtes Kind in unser erstes Kinderhaus und wurde ebenfalls gelernter Bäcker. Eugenia, das Straßenkind, hatte selbst ein Kind bekommen und lebte mit zwei anderen Mädchen in einer Wohnung; alle waren sie gute Mütter.

Was würde aus diesen Kindern werden? Diese Frage brachte mich zum Träumen. Eines wird einmal die Kinderhäuser und Concordia leiten. Răzvan wird mir vielleicht einst im Alter beistehen. Ein anderes will Kinderdörfer bauen, damit es keine Kinder mehr geben solle, die auf der Straße leben.

Der kleine Rares und sein Cousin Robert zeigten mir ihr Versteck direkt gegenüber dem Bahnhof, ein verrostetes Autowrack ohne Fenster und ohne Motor. Einer schlief unter der Motorhaube, einer im Kofferraum, zwei andere im Inneren. Sie waren stolz auf ihre „Villa mit drei Zimmern". Ein Schrotthaufen mitten in der Stadt, übersehen oder geduldet? Hier lebten meine Freunde. Sie bekamen von uns etwas zu essen und brauchten Medikamente. Rares war von einem Straßenhund völlig zerbissen worden. Wie er mit den Wunden und Narben mitten im Dreck nur existieren konnte!

Die zwei Buben führten uns mit viel Witz und Herzlichkeit in ihre Welt. Sie machten nicht nur mich glücklich, sondern auch einen Freund, der wegen seines hohen Alters oder weil die Not ihn schreckte lange nicht gewagt hatte, nach Rumänien zu kommen. Welche Freude durften wir erleben! Kinder, die ihre Liebe zeigten, natürlich auch Zorn und Verzweiflung, und das Glück, dass wir Leben retten konnten und zusehen durften, wie die verlassensten Kreaturen wieder aufblühten, wenn sie – wie in der Taufe – eingetaucht wurden in Zuneigung. Die Kinder rissen die graue Wolkendecke der Konflikte und Rückfälle, der Mühen und des Alltags immer wieder auf und offenbarten uns die Liebe Gottes.

**Die Kinder rissen die graue Wolkendecke der Konflikte und Rückfälle, der Mühen und des Alltags immer wieder auf und offenbarten uns die Liebe Gottes.**

Sie brachten mich auch auf unser Motto für das neue Arbeitsjahr 1999/2000: „Der Stein, den die Bauleute verworfen haben, ist zum Eckstein geworden." (Mt. 21,42.) Die Straßenkinder waren von ihren Familien, ihren Müttern und Vätern, von der Gesellschaft verworfen, aber sie waren es auch, die mir und meinem Freund tiefe Freude gaben und uns ein Fundament spüren ließen, das trug – in der Gebrechlichkeit des Alters genauso wie in der Überforderung in der Sozialarbeit.

Das Evangelium zeigt uns zwei verschiedene Weisen, zum Glauben zu kommen. Die erste ist der Weg der Vorsichtigen, der Jünger. Sie sind in der Gemeinschaft, um miteinander ihre Erfahrungen über Erziehung und Kinder und allgemein über ihre Erlebnisse auszutauschen, aber hinter verschlossenen Türen. Das ist der normale Weg. Hier tritt Jesus mitten hinein in die Kirche, in die Gemeinschaften, in die Familien und in den Gottesdienst und schenkt uns den Frieden: in der Heiligen Kommunion, in der Vergebung, in der Gemeinschaft. Es ist die Erfahrung, die ich mit meinen Jugend- und Kindheitserinnerungen, mit dem selbstverständlichen Glauben, der mir damit geschenkt war, verbinde.

Aber das Evangelium zeigt uns auch noch einen zweiten Weg. Es ist der schwierigere Weg, der Weg des Thomas, der zuerst protestiert und Fragen stellt. Dieser Thomas, der nicht aufgibt, sondern kritisch ist, dem ein Wort allein nicht genügt, muss es selbst spüren. Ist dieser Thomas nicht ganz nahe bei der heutigen jungen Generation? Er, dem es nicht einfach genügt, was die Älteren sagen. Er, der wie die Jungen sagt: Ich will selbst meine Erfahrungen, suchen, nachdenken, Fragen stellen.

Auch meine Straßenkinder kann ich nicht mit einem frommen Wort aus ihren Kanallöchern holen und zu braven Kindern und Schülern machen. Sie haben mir gezeigt, dass ich mit ihnen den Weg des Thomas gehen muss: lange streiten, nicht wissen, was herauskommt, nicht wissen, ob es ein Erfolg wird, sondern einfach dabeibleiben, mit ihnen die Not, die Fragen, die Rückfälle teilen, miterleiden. So ist jede Sozialarbeit. Jeder Umgang mit einem schwierigen Menschen, auch in der Familie, bedeutet mitzugehen und alle Zweifel zu ertragen. Aber wenn wir treu

**Jeder Umgang mit einem schwierigen Menschen, auch in der Familie, bedeutet mitzugehen und alle Zweifel zu ertragen.**

sind und nicht aufgeben, wie es die Jugend und die Straßenkinder von uns fordern, dann kann uns dieser Weg dorthin führen, wo wir am Ende staunend bekennen: Mein Herr und mein Gott.

In den Ferien 2000 kam eine Gruppe unserer „Großen" zu Besuch nach Wien, als Belohnung für das gute Schuljahr und die bestandene Deutschprüfung. Als Erstes wollten die Jugendlichen nicht in den Prater, nicht in den Zoo oder in eine Diskothek – sie wollten ein Kinderheim sehen. „Wie geht es hier den Kindern, die keine Eltern haben?", fragten sie. Wenn sie beim Essen „Bitte" und „Danke" sagten, dann taten sie das aus ganzem Herzen, und abends gingen sie, wie zu Hause auf der Farm, unaufgefordert in die Kapelle, um für die Wohltäter, Freunde und Erzieher zu beten: „Engel sollen ihnen helfen, damit ihre Kinder nie weglaufen." Manchmal kam eine Bitte für die Mutter, die sie einmal finden wollten.

Mit glücklichen und dankbaren Kindern unterwegs zu sein: Ich wüsste keinen schöneren Urlaub! Ohne Schule und ohne Schreibtisch war Zeit zum Singen, Spielen, Fragen und Träumen.

Das war meine Familie. Sie ließ mich das ungeheure Wort verstehen, das Jesus beim Abschied sagte: „Wer glaubt, wird die Werke, die ich vollbringe, auch vollbringen, und er wird noch größere vollbringen." (Joh. 14,12) Können wir tatsächlich wie Jesus heilen und Wunder wirken? Carmen gab die Antwort, ein Mädchen, das ich schon lange vom Bahnhof in Bukarest kannte. Ich erinnere mich, wie sie mich zum ersten Mal zu ihrem Versteck mitnahm. Sie führte mich über eine Leiter in den stinkenden Kanal hinunter. Aus dem schwarzen Loch leuchteten ein paar Kerzen und Augen. Hinter den riesigen Heizungsrohren sah ich eine Horde von Buben und einige Mädchen, misstrauisch, nicht bei Sinnen, betrunken, benebelt von Drogen. Nicht zu übersehen war der mächtige Chef, für den die Kleinen betteln und sich verkaufen mussten – so auch Carmen. Sie nannten ihn Nea Ion, Onkel Hans. Konnte ein Mensch tiefer hinuntergezogen werden als diese Kinder? Fünf Meter unter der hell erleuchteten Stadtmitte war diese Unterwelt. In der Dunkelheit war Carmens kleine Hand in meiner Hand die einzige Sicherheit.

Hinuntersteigen wie in einen tiefen Brunnen, so würde ich Streetwork beschreiben. Dafür braucht es Menschen, die im Dunkeln sehen können und Mut haben. Claudiu hatte diese Gnade. Er leitete das Haus Sf. Andrei, unsere Anlaufstation für Straßenkinder. Ihm gelang es, Carmen zu befreien, und sie wurde zu seiner wichtigsten Mitarbeiterin. Von der Drogensucht waren ihr nur die Narben an den Armen geblieben und von allen anderen Verletzungen – so sagte sie selbst – „ein Herz, das für alle Platz hat". Mit zweiundzwanzig Jahren wurde Carmen zur Mutter für Straßenkinder. Auch ihre jüngere Schwester Roxana suchte bei ihr Zuflucht, nachdem sie vom Freund der Mutter ein Kind bekommen hatte. Das Kind wurde weggelegt, das Mädchen flüchtete.

Aussichtslos und gefährlich erschien mir oft die Arbeit auf der Straße. Aber viel stärker war Carmens Vertrauen. Immer wieder brachte sie Kinder von der Straße mit und drängte uns mit der Macht der Liebe, weiterzubauen. Carmen gelang es sogar, Nea Ion, den gefürchteten „Onkel", von ganz unten herauf ans Licht zu holen. Er beschützte nun Carmen und alle Kinder im Haus. Einen besseren Mitarbeiter hätten wir nicht finden können. Wer hätte zu Stande bringen können, was Carmen gelungen war und was sie Tag und Nacht tat? Kein Sozialarbeiter konnte es. Uns blieb die Aufgabe, Claudiu und sein Streetwork-Team zu unterstützen und Grenzen zu ziehen, wenn sie die bescheidenen Wohnmöglichkeiten und sich selbst überforderten.

## CARMEN BRUTARU, 22 JAHRE, EHEMALIGES STRASSENKIND, DANN HELFERIN BEI CONCORDIA

*Hass! Das ist das Erste, wenn ich an meine Eltern denke. Besonders jetzt, wo ich alles wieder gutmachen muss, was meine Mutter zerstört hat. Ich meine das mit meinen Geschwistern, besonders Roxana. Die Mutter hat sie nie geliebt und jetzt mag Roxana niemanden, sie hat keinen einzigen Freund. Auch ich bin die Tochter dieser Mutter. Sie hat sich nie um uns gesorgt. Ich habe keine Mutter, so wie andere Kinder von ihren Eltern erzählten. Wenn ich mich wenigstens manchmal mit ihr treffen könnte! Es wäre schön, zu spüren, dass sie mich mag, dass sie sich Sorgen um mich macht, dass sie gut über mich und meine Geschwister redet. Nein, sie hat nur gesagt: du Schlampe, du Hure!*

*Es wäre schön, eine Mutter zu haben. Und wenn es nur für die ganz einfachen Dinge wäre, zum Beispiel dass ich sie anrufen könnte, um zu fragen, wie man Paprika einlegt. Oder wenn sie mich an meinem Geburtstag anrufen und sagen würde: „Alles Gute!" Mehr kann ich mir nicht ausdenken, weil ich nie eine Mama gehabt habe. Ich habe in Filmen gesehen, dass die Mama dich lehrt, was gut ist, was schlecht ist. Manchmal denke ich, es wäre schön, morgens Milch zu kaufen und sie ihr zu bringen oder ihr beim Saubermachen im Haus zu helfen.*

*Als ich erfahren habe, dass meine Schwester ein Kind geboren hat, hätte ich die Mutter am liebsten umgebracht. Es ist vom Freund der Mutter. Ich habe ihr als Kind schon gesagt, was ihr Freund mit mir gemacht hat, aber sie hat es mir nicht geglaubt. Aus Strafe hat sie mich im Winter nackt in den Schnee gesteckt. Da bin ich auf die Straße gegangen, das war schwer. Und meine Mutter wirft es mir vor. Sie sagt, ich sei verrückt. Ich habe ihr gesagt, ich bin ja schon weg, sie soll auf die andere Tochter aufpassen, die sie noch zu Hause hat. Dass wenigstens ihr nichts passiert. Sie hat nichts getan. Ich wollte nicht mehr daran denken, was der Mann damals mit mir gemacht hat, aber jetzt, wo das mit Roxana passiert ist, war es plötzlich wieder da.*

*Ich konnte mir nicht vorstellen, dass ich etwas leisten kann. Ich habe gedacht, ich bin dumm und kann gar nichts machen. Als ich klein war, habe ich viele Dummheiten gemacht und mich meistens mit der Mutter gestritten. So habe ich von mir gedacht, ich kann nur Böses machen: schlecht reden, schlagen, lügen, stehlen. Mit fünf oder sechs Jahren habe ich das erste Mal gestohlen. Die Mutter hat mich zum Stehlen geschickt, zu den Leuten, die mit uns im gleichen Hof gewohnt haben. Ich musste Wäsche von den Balkonen holen. Später, als ich auf der Straße war und nichts zu essen hatte, habe ich alles Mögliche gestohlen: Wir sind in Geschäfte eingestiegen, haben Autos aufgebrochen, den Leuten das Geld aus der Handtasche gestohlen, schönen Frauen Goldketten vom Hals gerissen. Ich habe auch gestohlen, wenn ich wütend auf jemanden war, einfach um zu schaden. So habe ich auch von guten Menschen gestohlen, sogar von denen, die uns geholfen haben. Ich habe es für meine Geschwister gemacht und später dann für mein Kind. Wenn ich mit der Mutter telefoniert habe, hat sie mir immer gesagt, sie habe kein Geld fürs Essen, es gebe nur Bohnen. Ich habe mir gedacht, auch wenn ich auf der Straße bin, ich bin schon älter als meine Geschwister, sie sind noch klein, ich komme schon durch. Ich habe das Essen gestohlen, aber sie?*

*Ich war auch schlecht, weil ich gelogen habe. Das habe ich schon von klein auf gelernt. Ich habe gelogen, weil ich Angst gehabt habe, dass meine Mutter mich schlägt. Selbst wenn sie nicht böse war, hat sie mich geschlagen. Bei Dingen, die sie besser nicht wissen sollte, habe ich gelogen.*

*Dann war ich auch schlecht und brutal. In der Schule habe ich mich oft mit den anderen Mädchen geprügelt. Auch mit den Buben aus guten Familien. Ich habe sie geschlagen, weil ihre Eltern für sie einen Kuchen gebacken haben, weil sie von der Schule abgeholt wurden. Meine Mutter ist nur einmal gekommen, da hat sie mich vor der Klasse geohrfeigt und dann auch noch daheim. Auch wenn ich nichts Böses gemacht habe, hat sie einen Grund dafür gesucht, mich zu schlagen. Verstehst du das? Das ist das Einzige, was ich über mich gewusst habe: Ich bin schlecht.*

*Ich kam in ein Kinderheim, bin aber nicht geblieben. Als wir im Bad waren und die anderen Mädchen meine Narben gesehen haben, haben sie sich gefürchtet. Die Narben waren von den Schnittwunden, die ich mir selbst gemacht habe, wenn ich verzweifelt war. Sie haben gesagt, ich sei verrückt und ich würde sie auch aufschneiden. Denn das habe ich ihnen angedroht. Seit damals hat mich keine mehr angerührt. Als ich dann in die Schule gegangen bin, habe ich nichts verstanden, weil ich Jahre in der Schule gefehlt hatte. Die anderen Kinder haben alles gekonnt. Ich war früher gut in der Schule. Ich habe immer in der Schule gelernt, zu Hause musste ich auf die kleinen Geschwister aufpassen. Drei Tage war ich wieder in der Schule. Dann bin ich gegangen, weil ich wusste, ich bin zu dumm und zu schlecht.*

*Ich kam zum ersten Mal auf die „Farm für Kinder". Da waren Mädchen, die eine Kochausbildung gemacht haben. Ich konnte das nicht machen, weil ich schwanger war. Es hat mir wehgetan, zu sehen, dass ich nicht so war wie sie. Ich würde nie in die Schule gehen, nie einen Beruf lernen, nie eine Anstellung haben, wenn ich groß war. Ich war auf alle eifersüchtig und ich hatte den Eindruck, dass ich mein ganzes Leben dumm bleiben muss. Aber Pater Georg hat mich gemocht. Ich habe gedacht, ich bin schlecht und er kann mich nicht mögen.*

*Mit einigen Sozialarbeitern, die zu uns auf die Straße gekommen sind, habe ich mich gut verstanden, weil sie mir alles gegeben haben, worum ich sie gebeten habe. Ich habe mir gedacht, ich kann sie für blöd halten. Manchmal habe ich von ihnen Sachen verlangt, die schwer zu erfüllen waren, aber nicht weil ich sie gebraucht hätte. Ich wollte, dass sie mit mir ins Kino gehen, nur um mit ihnen zusammen zu sein. Ich habe sie beschimpft, angespuckt, getreten.*

*Wie ich Sozialarbeiterin wurde, kann ich niemandem erklären. Ohne Claudiu und Pater Georg wäre das Wunder nicht geschehen. Ich habe nichts vergessen von früher, ich habe dadurch heute sogar einen Vorteil als Sozialarbeiterin. Mit den Straßenkindern ziehe ich an der gleichen Zigarette, trinke ich aus dem gleichen Glas. Ich fürchte mich nicht vor Läusen, ich schäme mich nicht, zu ihnen auf die Straße zu gehen. Ich verstehe sie, ich weiß, was sie brauchen. Die meisten sind gewalttätig, besonders die Großen. Manchmal habe ich Angst. Aber ich muss Risiken eingehen, nur so kann ich den Kindern helfen. Sie haben sonst niemanden.*

*Meine Familie ist heute eine große Schar von Kindern, meine Kinder in der Wohngemeinschaft. Ich sorge für sie und sie für mich. Bei uns schaut jeder auf den anderen, auch das haben wir auf der Straße gelernt. Auch Madalin ist bei mir. Er ist mein wirklicher Sohn und ich liebe ihn wie die anderen Kinder. Meine Familie sind Ruth, die immer an uns denkt, Pater Georg, der mich in die Arme nimmt und „meine Freundin" sagt, und* CONCORDIA, *weil sie sich um mein Kind und um meine Kinder sorgen.*

*Mein größter Wunsch ist, dass die Eltern meiner Kinder nicht kommen und sie mir nehmen, weil ich weiß, was dann mit ihnen geschehen würde. Dann denke ich auch an mich; es wäre schwer für mich, mich zu trennen von jedem Einzelnen. Ich hoffe, sie bleiben bei mir, bis sie mindestens achtzehn Jahre alt sind. Ich möchte sehen, wie sie groß werden, wie sie in die Schule gehen, wie sie sich verlieben, wie sie heiraten und wie sie einmal mit ihren Kindern zu mir kommen.*

---

### Geborgenheit schenken

Im Herbst 2000 ging ein Bild um die Welt und wurde in vielen Zeitungen abgedruckt: ein nackter, weinender Bub auf einer Straße in Bukarest. Der zwölfjährige Alin hatte zum äußersten Mittel gegriffen, um seine Not hinauszuschreien. Er kämpfte nicht nur ums Überleben, er war ausgestoßen und entblößt, er rief nach einem Menschen. Viele hatten den Schrei gehört und das Bild wahrgenommen, aber was sollten sie tun? Journalisten, die das nackte Kind fotografiert hatten, machten sich mit der Polizei auf die Suche nach Hilfe und standen schließlich vor unserer Türe. Im Kinderhaus Sf. Paul fand Alin einen Platz.

Ein Kind aufzunehmen ist für mich das größte Fest. Nie sind die Erwartungen größer und gleichzeitig ist die Zukunft noch ganz ungewiss, wie bei Alin. Würde er im Haus bleiben? Würden ihn die anderen aushalten? Würden unsere Kräfte reichen?

Zuerst wurde Alin gebadet und gekleidet; erstmals leuchtete sein Gesicht. Aber er hielt sich abseits der Gemeinschaft. Er hatte noch kein Zutrauen, er hatte ja immer kämpfen müssen. Einem Mädchen, das ebenfalls von der Straße zu uns gekommen war, wollte er einen Kuss rauben, worauf es ihm sofort einen Schlag ins Gesicht versetzte. Verständlich, aber wieder eine neue Verletzung. In den ersten Tagen kratzte Alin sich wund, schlug mit dem Kopf an die Wand. Manchmal wollte er einfach nicht mehr leben. „Herr", so beteten wir, „heile diese verletzte Seele, lass das Vertrauen zwischen uns wachsen, lass ihn Geborgenheit finden!"

„Auf der Rückseite der Tage" – so lautete unser Motto für das Jahr, in dem Alin zu uns gekommen war. Es half mir, den schwierigen Anfang zu bestehen. Es wollte sagen: Nicht auf der Vorderseite sichtbar, sondern verborgen auf der Rückseite ist unsere Zukunft, sie ist noch im Dunkeln. Alins Kindergesicht, das von Tag zu Tag fröhlicher und schelmischer wurde, erhellte die Finsternis. Sein Ringen sagte mir, dass das neue Jahr gut werden würde. Wir hätten uns nicht gedacht, dass er sich so schnell in seinem Zimmer mit Cristi anfreunden, dass er nach fünf Wochen das halbe Alphabet und seinen Namen schreiben würde. Er lernte, Liebe nicht zu rauben, Essen nicht sofort hinunterzuschlingen, als bekäme er tagelang nichts mehr. Er konnte auf die anderen warten, zerstörte viel weniger und zeigte Zuneigung, wenn auch noch etwas heftig.

Unsere Freunde hatten dafür gesorgt, dass wir wieder ein neues Kinderhaus eröffnen konnten, „Casa Austria". Neue Pläne für Lehrwerkstätten entstanden, in denen einmal unsere Kinderhäuser gebaut werden sollten. Weit über hundert Kinder und Arme kamen täglich in die Winterkantine. Mit der Hilfe unserer Spender durften wir nicht nur den nackten Alin bekleiden, sodass er nicht mehr frieren und sich bloßstellen musste. Der Winter in Bukarest ist sehr grau und die Gesichter der Kinder, die uns nachliefen, waren schwärzer als sonst. Nur in ihren Augen war Licht. Ich dachte an Ramona, die nun Psychologie studierte, Nicu, der auf der Farm der Kinder für die Tiere im Stall sorgte, die fünf jungen Männer, die wir nach der Lehre in einem Lebensmittelmarkt unterbringen konnten, und an Costel, unseren „Amerikaner", der seit fünf Jahren bei einer Filmgesellschaft angestellt war.

**Wenn ich die Geschichte Gottes mit den Menschen vor mir sehe – warum sollte ich mich vor der Rückseite der Tage fürchten?**

Die Rückseite der Tage kennen wir nicht, aber sie verliert ihren Schrecken, wenn ich auf die Vorderseite schaue. Auf der Vorderseite der Tage sind auch die Mitarbeiter aufgeschrieben, die nie die Hoffnung aufgegeben haben. Eingraviert sind dort die Gebete unserer kleinen Gemeinschaft. Es ist die Schule der Bibel: Sie lehrt uns in allen Erlebnissen, dass Gott treu ist und den Menschen nie fallen lässt. Wenn ich die Geschichte Gottes mit den Menschen vor mir sehe – warum sollte ich mich vor der Rückseite der Tage fürchten?

Nach zehn Jahren in Rumänien konnte ich sagen, dass ich oft glücklich war – ich hatte Erlebnisse, Freunde, Nähe, Erfolg –, doch nicht zufrieden; wie konnte ich das sein, solange noch ein Kind auf der Straße lebte? Glücklich war ich über jedes einzelne Kind, das wir aufnehmen konnten, über jeden Jugendlichen, der seinen Weg in die Selbstständigkeit fand. Wenn ich heute am Bahnhof in Bukarest bin, fühle ich mich zu Hause. Hier habe ich das Gefühl, hinzugehören, sosehr mich meine Freunde und Unterstützer auch in ihrer Welt verwöhnen. Mein Wunsch ist es, beide Welten zusammenzubringen, eine Brücke zwischen ihnen zu bauen.

## RAMONA MOISE, 24 JAHRE, EHEMALIGES STRASSENKIND, JETZT EHEFRAU UND MUTTER

*Als ich klein war, gab es in unserer Familie immer Krach. Der Vater war Trinker und ist es heute noch. Es gab jeden Tag Streit und Schlägerei, er war immer gereizt. Meine Mutter, mein zwei Jahre älterer Bruder und ich, wir haben es nicht mehr ausgehalten mit ihm. Wir Kinder haben begonnen wegzulaufen. Wir sind zu Verwandten und Freunden gegangen, sie haben uns aufgenommen, aber immer wieder nach Hause gebracht. Damals war ich ungefähr fünf Jahre alt. Dann sind wir öfter und länger weggeblieben. Wir sind in große Städte gekommen. So hat es angefangen, dass wir immer mehr auf der Straße gelebt haben.*

*Auf der Straße war ich am Anfang mit Georghe, meinem Bruder, dann mit anderen Kindern zusammen. Mein Bruder hat auf mich aufgepasst, aber er war damals auch noch klein. Wir haben um Geld, Essen und Kleider gebettelt. Dann haben wir uns irgendwann verloren. Er war unterwegs mit den Buben, sie haben andere Sachen gemacht. Ich bin mit einer Gruppe Mädchen geblieben, wir waren sechs. Wir haben alle wie Buben ausgesehen, schmutzig angezogen, kurz geschorene Haare, und wir haben uns wie Buben benommen. Niemand konnte erkennen, ob wir Mädchen oder Buben waren. Laura war die Älteste in unserer Gruppe, sie hatte einen Freund, der hat uns beschützt und keinen an uns herangelassen. Mit ihm waren wir in Sicherheit. Damals waren wir noch klein, da war es als Mädchen noch nicht so gefährlich. Es hat auch noch nicht so viele auf der Straße gegeben, die sich Mädchen geholt haben. Für Mädchen ist es ganz anders als für Buben, wenn sie auf der Straße leben. Sie haben viel mehr Probleme. Sie werden leicht von Männern mitgenommen. Es ist sehr gefährlich. Bei den Mädchen kann ein Trauma bleiben, wenn sie einmal vergewaltigt werden.*

*Wenn du niemanden findest, zu dem du flüchten kannst, bleibst du Prostituierte dein Leben lang. Das wirst du nie mehr los. Die meisten aber bleiben leider bei einem „Fisch" (Zuhälter). Heute weiß ich,*

*dass fast alle von dieser Mädchengruppe Prostituierte geworden sind. Wenn du einmal vergewaltigt worden bist, kommt der eine und dann der andere. Du merkst, wie du damit Geld verdienen kannst. Dann bist du dabei. Wenn du Glück hast, findest du einen, der dich heiratet. Eine andere Chance hast du nicht, da herauszukommen. Ich wäre sicher auch so geworden, wenn ich nicht zu euch gekommen wäre. Ich habe oft Angst gehabt. Fast jeden Tag ist irgendetwas passiert und wir mussten davonlaufen. Einmal war ich im Zug, da hat mich der Kontrolleur erwischt. Natürlich hatte ich kein Ticket. Er hat gesagt, komm mit mir, dann wirst du nicht bestraft. Ich habe sofort gewusst, was wieder passieren wird. Ich habe geschrien, dann sind die Leute gekommen und haben mir geholfen. Ich war damals mit zehn Jahren noch sehr verrückt und frech. Oft sind mir Große nachgelaufen und wollten mich mit Gewalt haben. Wir sind in Restaurants gegangen und haben die Gäste angebettelt, wir wollten essen. Die Kellner haben uns hinausgejagt, aber wir waren hartnäckig und sind wiedergekommen.*
*Manchmal haben wir viel Geld bekommen, dann sind wir ins Kino gegangen, wohin wir wollten. Das hat mir gefallen. Es war schön und schlimm damals. Wohin wir gekommen sind, hat man uns sofort weggejagt, das ist kein schönes Gefühl. Einmal hat mich die Polizei so geschlagen, dass ich nicht mehr gehen konnte. Ich bin auf allen vieren gekrochen und am Bahnhof in einen Zug eingestiegen. Eine Familie hat mich vom Zug mitgenommen und in ein Spital in Timişoara gebracht. Von dort wurde ich in ein Zentrum für Minderjährige verlegt. Da war ich zwei Wochen. Dann hat die Revolution begonnen.*
*Ein Polizist hat mich zu meinen Eltern gebracht, weil das Zentrum aufgelöst wurde. Ich habe gesehen, wie überall die Scheiben eingeschlagen waren und alles verwüstet war in den Städten. Ich habe nicht verstanden, was passiert ist. Daheim habe ich im Radio gehört, dass eine Revolution ist. Ich habe nicht gewusst, was das ist, habe nur gedacht, zum Glück bin ich nicht mehr auf der Straße. Die Eltern haben mich mit „offenen Armen" empfangen. Ich wurde kahl geschoren*

*und geschlagen wie noch nie. Darum bin ich doch wieder weggegangen, auch wenn es auf den Straßen damals turbulent war.*
*Seit 1990 bin ich in Bukarest. Ich war mit vielen anderen Kindern am Nordbahnhof oder an der Piața Romana. Das erste Mal habe ich Pater Georg irgendwo am Bahnhof gesehen. Wir haben etwas zu essen und manchmal Kleider bekommen. Wir haben miteinander gesprochen.* CONCORDIA *hat ein neues Kinderhaus eröffnet, es war eine Notschlafstelle. Ich war so froh, dass ich jetzt nachts einen Platz zum Schlafen hatte. Damals wurden nur Mädchen und die ganz Kleinen aufgenommen. Es waren zu viele Kinder am Bahnhof und kein Platz für alle im Haus. Ich hatte das Glück, dass ich dabei war. Dann hat* CONCORDIA *das nächste Kinderhaus eröffnet und einige von uns durften dort einziehen. Dann wurde noch ein neues Haus eröffnet. Ich bin noch einmal umgezogen. Im Kinderhaus Sf. Andrei durfte ich bleiben. Ich bin bald in die Schule gekommen, es war schwer. Denn bis ich zehn war, war ich kaum in der Schule. Jetzt musste ich mit der fünften Klasse beginnen und viel lernen. Die Erzieher haben mir dabei sehr geholfen. Das war der Moment, dass ich gewusst habe, von hier will ich nicht mehr weg. Es war alles so anders, so schön, so ruhig, und ich habe mich zum ersten Mal in meinem Leben geborgen und sicher gefühlt. Ich habe mich sehr schnell an das neue Leben angepasst. Ich wollte unbedingt eine gute Schülerin sein und habe fleißig gelernt. Wir waren eine Familie.*
*Inzwischen habe ich die Matura gemacht und studiere im dritten Semester Psychologie. Ich habe ein eigenes Zimmer gefunden. Früher wollte ich Schauspielerin werden, weil wir im Haus viel Theater gespielt haben. Später wollte ich auf jeden Fall etwas werden, was mit Menschen zu tun hat. Psychologie macht mir Freude. Ich habe den Vorteil, dass ich nicht nur die Theorie kenne, sondern auch die „Praxis“: Ich habe so viel erlebt. Und ich glaube, dass ich deshalb andere Menschen verstehen kann, wenn sie Probleme haben, weil ich auch vieles durchgemacht habe. Ich fühle eine Kraft, dass ich ihnen etwas geben kann.*

*Den anderen Studenten habe ich nie von meiner Vergangenheit erzählt, sie haben nicht mal eine leise Ahnung. Freunde habe ich unter ihnen, aber nicht sehr viele und nicht sehr enge. Meine besten Freunde sind meine „Geschwister" aus dem Kinderhaus und die Erzieher. Mit ihnen kann ich am besten und über alles reden. Einen Freund hatte ich auch schon öfters, aber es ist alles wieder zerronnen.*
*Mein Traum ist es, eine Familie zu haben und meinen Kindern zu schenken, was ich nicht gehabt habe. Glücklich will ich werden, nicht reich. Ich möchte allen helfen, die mich brauchen. Mir geht es gut, wenn ich etwas für andere tun kann.*

---

**„Lazarus – Gott hilft"**

2001 begannen wir ein neues Projekt: Die Stadt Bukarest hatte uns ein leer stehendes Schulgebäude zur Verfügung gestellt. Daraus sollte das „Sozialzentrum Lazarus" für hundert Straßenkinder werden. Untertags sollten hier viele eine erste Hilfe und einen Weg aus der Trostlosigkeit finden. Den Namen von Lazarus, seinem Freund, gibt Jesus in einem Gleichnis einem Menschen, der hungrig und mit Geschwüren bedeckt vor der Türe eines Reichen liegt. Nur Straßenhunde schenken ihm Zuwendung. Unser Jahresmotto lautete: „Lazarus – Gott hilft." Wie oft hatte uns Gott schon geholfen! Wie oft konnten wir selbst helfen!

Eines Tages hatte ich mich im Schatten einer Hausruine hingesetzt, nahe vom Nordbahnhof in Bukarest. Kinder und Jugendliche streunten hier herum. Bald war ich von vielen umringt. Auf der Suche nach einem Motto für das kommende Schul- und Arbeitsjahr wollte ich von ihnen wissen, was das Wichtigste im Leben sei. Nach zwei Minuten waren sich alle einig: Gott. Überrascht fragte ich weiter. Jetzt begann sogar der schüchterne Florica, der neben mir saß, zu reden: „Jesus ist mein bester Freund." Die Stimmung wurde immer lauter und ausgelassener. Ich hörte Florica sagen:

„Das Wichtigste für mich ist, dass ich Jesus danke." Wofür? „Für tausend Dinge. Dass wir überleben. Für die Freude; heute habe ich zum Beispiel Charlotte getroffen."

Ich wollte vom Straßenkind mehr über Jesus hören. „Manchmal versuche ich, auch ein guter Hirte zu sein. Wenn ich die Möglichkeit habe, jemandem, der ärmer ist als ich, etwas zu geben oder von Jesus zu erzählen, wenn er ihn nicht kennt. Das Wichtigste ist, dass die Kinder Jesus nahe kommen. Dann sind sie glücklich, auch wenn sie unglücklich sind. Jesus ist wichtiger als Geld." Warum? „Wenn ich an ihn denke, muss ich etwas Gutes machen. Dann freue ich mich."

Ich hatte Wort für Wort mitgeschrieben. Inzwischen hatten unsere Streetworker, die einmal kriminell und gefürchtet gewesen waren, zehn Kartons mit Pizza gebracht, für jeden ein Viertel. Florica ließ seinen Anteil neben sich liegen und kalt werden. Er beachtete gar nicht, wie die anderen sein Essen wegnahmen. Ihm war es wichtiger, von Jesus zu reden. „Er hilft den Straßenkindern, er hilft allen Kindern. Er hilft auch den Großen, wenn sie wollen. Mir hat er oft geholfen." Schließlich zitierte er einen Satz aus der Offenbarung des Johannes: „Draußen bleiben die Hunde und die Zauberer, die Unzüchtigen und die Mörder, die Götzendiener und jeder, der die Lüge liebt und tut." Ich kam aus dem Staunen nicht mehr heraus und fragte den Buben, warum er sich gerade diese Worte gemerkt habe. „Ich denke nach, ob ich zu den Bösen gehöre. Ich möchte zu den Guten gehören, obwohl ich auf der Straße bin. Wenn ich andere Kinder sehe, die alles haben, auch eine Familie, dann muss ich manchmal weinen. Ich denke: Und *ich* bin auf der Straße."

Florica, der vierzehnjährige Freund Jesu, hatte mich in seinen Bann gezogen. Wie konnten Straßenkinder sich bei Gott so geborgen fühlen, wo sie doch ums nackte Überleben kämpften? Um uns herum ging es turbulent zu. Einige stritten sich. Drogenlack wurde in Plastiksäcke gefüllt. Stela tanzte zur Musik, die aus ihren Kopfhörern tönte. Ein Mädchen hatte sich die Arme aufgeschnitten und weinte. Eine schwangere Sechzehnjährige wollte in ein Spital. Schwer zu entscheiden, ob die Stimmung lustig oder verzweifelt war. Einer fragte ungeduldig: „Wann wird das Sozialzentrum fertig? Wie viele können dort übernachten? Gibt es auch eine Kantine?“ Ich konnte ihnen Gutes berichten. Noch vor dem Winter würden wir einziehen können. Es gebe Platz für über hundert. Das Militär hatte versprochen, uns das Essen zu liefern. Die Nachrichten interessierten alle, die Freude wurde zum Tumult. „Es lebe Lazarus!“, schrien sie. Der Name, den wir dem Sozialzentrum geben würden, hatte sich schon herumgesprochen.

Wegen des Lärms rückte Florica näher und sagte mir ins Ohr: „Ich kenne Lazarus. Er ist gestorben und Jesus hat ihn vom Tod auferweckt. Ich habe es im Fernsehen gesehen, wie Jesus geweint hat. Er hat Lazarus sehr gern gehabt.“

Im Winter 2002 konnten wir gemeinsam mit der Stadt Bukarest das Sozialzentrum eröffnen und die Ärmsten der Armen, die Straßenkinder und obdachlosen Jugendlichen, einladen, dorthin zu kommen. Hier gibt es Duschen und frische Kleider, medizinische Hilfe und notfalls die Weitervermittlung in ein Krankenhaus. Die Schwelle ins Sozialzentrum ist niedrig; jeder ist willkommen, wenn er sich an bestimmte Regeln hält: keine Drogen, keine Raufereien, nicht im Haus rauchen. Die Kinder und Jugendlichen bekommen etwas Warmes zu essen, können dort übernachten und finden viele Ansprechpartner.

„Am Bahnhof haben wir unsere Wurzeln“, schrieb ich Freunden in einem Brief, „dorthin gehen die Streetworker, von dort kommen die Kinder ins Sozialzentrum Lazarus. Zwischen Lazarus und Gară de Nord gehen die Nachrichten hin und her wie mit Buschtrommeln. Vor dem Bahnhof verkauft Florentina Blumen. Sie ist Anlaufstation für die Kinder. Wenn ich Freunde mitbringe, werden sie mit Blumen empfangen. Florentina hat fünf Kinder und weitere vier von ihrer verstorbenen Schwester übernommen. Bei Eiseskälte verdient sie ihr Geld; in einem Kübel ist ein wenig Glut, über der sie die Hände wärmt. Meist drängen noch viele schmutzige Fingerchen zur Wärme über dem Kübel. Die Kinder zweigen dafür etwas von unseren Gelagen am Bahnhof ab, sie bringen der Blumenfrau Brot. Eine Hand wäscht die andere.

Heute ist Florentina mürrisch, ja sie schimpft. ‚Adrian', sagt sie, ‚hat die teuersten Rosen gestohlen, ja geraubt!' Ein Skandal, für den sie mich verantwortlich macht. Dazu kommt, dass sie die Miete in ihrem Wohnblock nicht mehr bezahlen kann. Mit allen Kindern soll sie auf die Straße geworfen werden. Sie holt die Meldung des Magistrats zwischen ihren vielen Röcken hervor. Wir müssen ihr helfen. Es werden teure Rosen.

Acht Kinder zwängen sich ins Auto. Gott sei Dank hält uns die Polizei nicht auf und wir erreichen Lazarus, ohne kontrolliert worden zu sein. Im ‚Servus', so heißt der Empfangsraum, schlafen erschöpfte Kinder. Jugendliche hängen herum, warten, bis die Duschen und die Kleiderkammer geöffnet werden. Am Eingang zum Speisesaal kontrollieren ‚Assistenten', ob die Hände gewaschen sind. Die Assistenten haben durch verschiedene Dienste Gutpunkte gesammelt und nun die begehrte Punktezahl erreicht, um in den Rang von Mitarbeitern aufzusteigen.

An einem der Tische wird es laut. ‚Ruth ist ungerecht!', protestiert Ionuz. Eben war er noch zufrieden und stolz, weil er seit einer Woche in der Wurstfabrik arbeitet. Beim Abendessen aber darf Sobar neben Ruth sitzen. Sobar hat so viel am Kerbholz wie kein anderer. Er kommt zu spät, er stört mit Grimassen, er verweigert die kleinsten Dienste. Noch keine Stunde ist es her, dass er eine Fensterscheibe eingeschlagen hat. ‚Dafür darf er neben Ruth sitzen?', fragt der Brave zornig. Seit er arbeiten geht, fallen ihm viele scheinbare Ungerechtigkeiten auf. Er fragt sich laut, ob ein Braver nicht blöd ist. Die anderen spielen Fußball, verdienen Punkte bei der Hausarbeit, lernen schreiben und bekommen Farben zum

Zeichnen. Und wenn er von der Arbeit kommt, haben sie schon die besten Plätze, vor allem die am Tisch von Ruth.

Ruth wendet sich Ionuz zu, während sie den Arm um Sobar gelegt hat. ‚Du hast es geschafft. Du warst sechs Tage pünktlich am Arbeitsplatz und bist nicht rausgeflogen. Sobar aber hat noch einen langen Weg vor sich.' Keiner mag ihn, weil er immer stört, sogar in der Kapelle. Am liebsten ärgert er die Mädchen. Ruth redet auf Ionuz ein. Er muss verstehen, dass Sobar übermäßig viel Liebe braucht, um ruhiger zu werden. Wenn er bei Ruth oder mir sitzen darf, ist er fröhlich und kann den ganzen Tisch unterhalten.

Mit Sobar sitzen heute Sandale, Moise, Iulian und Aluna bei Ruth. Sie sind die Starken und Schwierigen. Ihnen sind wir ausgeliefert. Verspätet erscheint Adrian im Speisesaal, mit dem Strauß roter Rosen. Ruth wundert sich über die frischen Blumen, die im Winter viel kosten. Doch sie ist Überraschungen gewohnt. Gestern hat sie von Moise den riesigen Kopf eines toten Fisches bekommen. Wer weiß, wo der Fisch geblieben ist, wo die Blumen her sind? Darf sie sich über Geschenke, die gestohlen wurden, freuen? Doch die Botschaft überspringt alle Mauern. Rote Rosen für Ruth, nachdem Sobar gerade das Fenster eingeschlagen hat. Der Skandal vom Bahnhof hebt den Skandal im Haus auf. Das Leben geht weiter."

Zu Ostern gab es Kuttelsuppe. Sie war nicht nach meinem Geschmack: in Streifen geschnittene Gedärme und viel Fett. Mit Essig und Pfeffer wurde sie genießbar. Lange Zeit hatte ich mich überwinden müssen, sie zu essen, aber für die Straßenkinder ist sie eine Delikatesse. Früher hatte ich Spelunken in der Bahnhofsgegend suchen müssen, die mich mit meinen kleinen Freunden hineinließen; jetzt konnte ich die Kinder in unserem Sozialzentrum Lazarus aufnehmen und ihnen zum Fest der Auferstehung ein üppiges Essen geben.

Vom Bahnhof hatte ich den kleinen Florin mitgebracht. Die

Kinder nannten ihn „Mieluschelu“, Lämmchen. Warum, wollte ich wissen. Einer lachte und sagte: „Ein Osterlamm.“

Unser Lämmchen hatte ich aus einem Kanal herausgeholt, in dem er mit vielen anderen Zuflucht gesucht hatte. Fast jeden Tag stieg ich hinunter in die Unterwelt von Bukarest. Hier war mein Gottesdienst. Die Kinder steckten die Drogentüten weg und begannen zu singen: „Wir sind eine Familie, vereint durch Christus.“ Es war dunkel. Alle waren still, einige sprachen Gebete. „Wir rufen Dich an, lieber Gott, mit reinem Herzen. Danke für unsere Gemeinschaft, danke für das Brot und die Suppe. Wir bitten Dich für unsere Wohltäter, verzeih uns die Sünden.“

Auferstehung geschieht, wenn wir ein Kind aus der Tiefe ziehen. Wenn ein Kind mit uns die vielen Stufen gehen will, vom Kanal über das Sozialzentrum in eine Gemeinschaft, in die Schule, in die Berufsausbildung, in die Selbstständigkeit.

**Auferstehung geschieht, wenn wir ein Kind aus der Tiefe ziehen.**

Crenguza erlebte das typische Schicksal des Straßenkindes: die Mutter gestorben, die Familie zerbrochen, der Vater trank, hatte das Haus verkauft. Sie kam in Heime und riss aus, Schläge und Strafen begleiteten sie. Sie schaffte es, mit dem Zug nach Bukarest zu kommen und sich den Niemandskindern anzuschließen. Sieben Jahre lang kämpfte ich, um das Mädchen aus dem Dunkel zu befreien. Drogen und all der Dreck hatten sie nicht losgelassen. Welche Macht würde dieses Mädchen retten können?

„Alle beneiden mich um mein Baby, weil es schon so viele Haare hat und sehr schön ist“, sagte Crenguza, die junge Mutter. Wenige Stunden vor der Geburt war sie noch in einem Kanalloch gewesen und hatte Lack geschnüffelt, um zu vergessen, dass sich die Zeit der Niederkunft näherte. Ich betrachtete die zarten Fingerchen ihres Kindes. Sie konnten die Kraft haben, die wir jetzt brauchten. Seit der Geburt hatte Crenguza den Drogen widerstanden, immerhin schon drei Monate lang. Sie pflegte sich und das Kind, auch wenn das noch gelernt sein wollte. Ihr innigster Wunsch war: „Dass die anderen nicht über mein Kind lachen und sagen: Du bist ein Straßenkind. Niemand soll zu mir sagen können: Du hast ein Kind geboren und dann hast du es weggegeben. Andrea soll eine richtige Familie bekommen, fröhlich sein und nie einsam."

## *Lamm und Löwe*

Im Sozialzentrum Lazarus lebt eine turbulente Gemeinschaft, die sich täglich ändert. Deshalb braucht es feste Strukturen, um den ungestümen Andrang und den täglichen Wechsel auszuhalten. Dazu gehören die festen Essenszeiten. Vorher muss jeder die Hände waschen. Auf jedem Tisch steht eine Vase mit Blumen. Zu Beginn des Essens wird gewartet, bis es still ist. Dann folgt ein Tischgebet. Jugendliche, die schon länger im Haus sind, die so genannten Assistenten, bedienen in weißen Uniformen. Sie haben es durch Leistungen zu etwas gebracht und sind durch ein Punktesystem mit bestimmten Rechten belohnt worden; so dürfen sie etwa beim Essen das Menü ansagen, das Gebet beginnen oder mit dem Austeilen anfangen. Diese Regeln geben ihnen Würde und verhindern Chaos. In diese Regeln hinein werden aber auch die neuen Volontäre aus dem Ausland genommen, die aus der so genannten Freiheit kommen, einer Freiheit, die oft ohne Blick nach oben ist. Solche Kleinigkeiten machen aus einem Fressen ein Essen und wir kultivieren sie besonders, weil sie unseren Kindern fehlen. Wir reden nicht groß von Liebe, sondern übersetzen sie in praktische Dinge. Ich muss nicht extra predigen: Wir sind sauber, elegant und würdig, sondern achte nur darauf, dass sie mit gewaschenen Händen am Tisch sitzen. Möglichst wenig predigen und alles in die Tat umsetzen, das ist wichtig, wo es um Herzensprägung geht. Wir haben ja nicht viel Zeit für intellektuelle Diskussionen, aber wir brauchen Rettungsringe, Haltegriffe, damit aus dem Fressen ein Essen wird.

**Möglichst wenig predigen und alles in die Tat umsetzen, das ist wichtig, wo es um Herzensprägung geht.**

Dieses System der kleinen Regeln funktioniert gut, doch muss man sie immer pflegen und daran arbeiten, um keinen Ritualismus entstehen zu lassen. Die Rituale dürfen nicht mit dem Inhalt verwechselt werden. Es macht nichts, wenn die Regeln sich widersprechen, solange der gleiche Inhalt herauskommt. Und wenn es nötig ist, wenn sie am Inhalt vorbeigehen, müssen wir sie auch umstoßen können. Manchmal zwingt einen ein Kind, dem man begegnet, alles über Bord zu werfen. Das sind Augenblicke der Intuition, der Gnade, des Zufalls, der Überraschung, und die ereignen sich jeden Tag.

An den Abenden gibt es Filmvorführungen oder Spiele; um halb elf ziehen sich die Jugendlichen zum Schlafen zurück. Sie liegen in einem Schlafsaal auf Matratzen in Schlafsäcken; wer schon mehrere Tage kommt, erhält ein Bett in einem Zimmer. Die nächste Stufe ist ein Zimmer im ersten Stock für vier Assistenten, also jene Kinder und Jugendlichen, die im Haus beim Reinigen, Kochen, in der Werkstätte, in der Nähstube, beim Einkauf, in den Bädern einen Dienst übernommen haben. Alle finden ein offenes Tor, bekommen die Chance, etwas zu tun und sich zu erproben. Ein erstes Erlebnis, etwas zu können. Eine Zukunft tut sich auf.

Lazarus ist ein wunderbares Haus, weil die Ärmsten kommen, verzweifelt, krank, drogensüchtig, abgerissen. Aber es ist auch ein schwieriges Haus, in dem wir immer ums Überleben kämpfen. Und auch die festen Strukturen hat es nicht immer gegeben. Für Lazarus hatte ich ursprünglich unsere stärksten Erzieher, Männer und Frauen, als Leiter ausgewählt: Sie alle warfen verzweifelt weinend das Handtuch, weil jeden Tag die Türen, die Fenster eingeschlagen wurden, weil die Polizei kommen musste, Blut floss, Gewalt herrschte. Schließlich musste ich mein größtes Opfer bringen und meine engste Mitarbeiterin, Ruth Zenkert, dorthin schicken. Ruth hat das Haus leise verwandelt. Sie hat das Wunder zu Stande gebracht, indem sie viele kleine Rituale einführte, jede Woche neue. So wurde etwa im Speisesaal nicht mehr „Ruhe!“ gebrüllt, sondern es wurden einfach auf jeden Tisch Blumen gestellt und Ähnliches. So hat Ruth durch lauter kleine Zeichen das ganze Haus befriedet, sodass heute jeder von der Atmosphäre in diesen Frieden hineingenommen wird, und zwar nicht durch Worte und nicht durch eine Person, die vorne steht, sondern durch lauter kleine Lichter. Diese Haltepunkte tragen die Gemeinschaft und ermöglichen, dass alles funktioniert. Der Mensch heute vertraut so sehr auf seine Freiheit und seine Spontaneität, dass oft bloß Chaos herauskommt, zumindest im Umgang mit so schwierigen Menschen.

Jeden Morgen beten wir die Laudes. Viele der Kinder und Jugendlichen können nicht lesen, aber die, die regelmäßig kommen, können alle die Psalmen und auch das Benedictus. Wo sonst finde ich fünfzig junge Mönche im Alter zwischen sechs und zwanzig Jahren, die jeden Morgen in die Kirche gehen und unbedingt beten wollen? Jeder spricht eine Fürbitte; wir mussten die Anzahl begrenzen, weil die Sache sonst kein Ende nehmen würde, es würde wie bei einem orthodoxen Gottesdienst vier Stunden dauern. So viel haben die Kinder zu bitten und zu danken. Einzelne sind manchmal so bedrückt, dass sie, obwohl sie nicht an der Reihe sind, unbedingt noch etwas sagen wollen. Das Erschütternde aber ist, dass die Jugendlichen meist gar keine Fürbitten darbringen, sondern Dankesworte. Sie danken dem lieben Gott, dass er sie so gern hat und ihnen für eine Nacht ein Bett geschenkt hat. Vor dieser Dankbarkeit werden wir nachdenklich.

„Im Haus ist es ganz still", schrieb Ruth an unsere Freunde. „Noch vor wenigen Monaten haben wir im Sozialzentrum Lazarus ums Überleben gekämpft. Die Mitarbeiter waren überfordert, die Schützlinge hatten keine Nestwärme. Inzwischen hat sich alles umgedreht. Die Großen helfen beim Haushalt mit, sie machen Portierdienst, reparieren kleine Schäden, sind Begleiter bei Botengängen. Wir nennen sie ‚Assistenten'. Ich gehe in den Speisesaal; bis auf den letzten Platz sind die Tische besetzt. Unsere Küchenassistenten eilen flink und bedienen in ihren weißen Hemden die Kinder mit Tee, Brot und Marmelade. Ein leichtes Murmeln geht durch den Saal, eine lacht, gleich wird sie von den Nachbarn zur Ruhe gewiesen. Wir kündigen das Programm für den Tag an. Heute lernen wir neue Lieder für die Fastenzeit. Es ist warm, wir machen draußen Sport, am Abend gibt es einen Film. Beifall, sie freuen sich auf das ‚Dschungelbuch'. Mit einem dankbaren Blick zur Ikone hin verlassen sie stürmisch den Saal. ‚Küss die Hand fürs Essen – wohl bekomm's!' Jetzt ist es wieder lebendig und laut, bis alle zu ihrer Arbeit und in die Gruppen eingeteilt sind.

Die Kleinen haben im Klassenzimmer Schreibübungen gemacht. Lange halten sie nicht durch, sie müssen immer wieder hinaus. Sie rasen in den Hof und spielen Fußball. Drinnen werken unsere Hausmeister schon seit Stunden an ein paar Betten, die sie aufstellen sollen. Unser Zivildiener zeigt ihnen schließlich, wie sie die Teile zusammensetzen müssen; jetzt geht es schnell voran. Catalin kommt aus der Stadt zurück, er hat ein paar bettelnde Kinder vom Bahnhof mitgebracht. Wir stecken sie gleich ins Bad. Dann müssen ihnen die Haare geschnitten werden, weil sie voller Läuse sind.

Das Abendgebet beginnt. Sorin ist seit gestern da. Er weint, will wieder zu seinem Bruder. Sie sind von zu Hause weggelaufen, weil der Vater sie geschlagen hat; unterwegs haben sie sich verloren. Ein Kleiner umarmt ihn. Die Kinder danken und bitten. ‚Lieber Jesus, ich bitte dich, dass Pater Georg so schnell wie möglich wieder zurückkommt.'

‚Wer ist das?', fragt die Neue, Salomea, laut, inzwischen frisch gebadet und kahl geschoren. Das Gebet wird unterbrochen, alle wollen erklären. Ioan ergreift das Wort und erzählt von ‚unserem Vater'. Pater Georg ist nach Chişinău in der Republik Moldau gegangen, um auch dort ein Haus für arme Kinder zu eröffnen. Es gibt schon einen Verein ‚CONCORDIA Moldawien'. Man spricht Russisch und zum Glück auch Rumänisch. Das Land hat einmal zu Rumänien gehört. Pater Georg kommt morgen zurück zu uns.

Nach dem Abendessen wird Tischfußball gespielt. Angelica steht neben mir und verwünscht die Gegner. ‚Ein Buckel soll dir am Rücken wachsen, wenn du der Ruth ein Tor schießt!' Sie hört Musik aus dem Vorraum, ihr ganzer Körper ist sofort in Bewegung. Elegant gleitet ihre Hand über den linken Arm und tanzt mit schöpfenden Bewegungen bis zum Bauch, dann wirft sie mir lächelnd einen Handkuss zu. Alle klatschen, inzwischen tanzen noch einige andere.

Nun wird es Zeit, dass wir uns für die Nacht vorbereiten. Schlafsäcke und Matratzen werden ausgegeben für alle, die kein Bett mehr bekommen. Beim Gute-Nacht-Sagen greifen alle Kinderhände nach mir. Darf ich bald in ein Kinderhaus von euch? Kommt Pater Georg wirklich morgen? Ich habe dir heute ein Bild gemalt. Auf jeden Fall will jeder ein Küsschen.

Ich gehe noch einen Sprung zu den Mitarbeitern. Wir schauen auf den Tag zurück, mit vielen Fragen: Wie kann ich ein guter Hausmeister werden? Können wir einen Kochkurs machen? Was sollen wir mit den Jugendlichen tun, die so viel Energie haben? Es ist klar, wir müssen noch mehr für die Ausbildung unserer Mitarbeiter tun. Die CONCORDIA-Schule ist der Schwerpunkt für dieses Jahr. Kurse und Praxisbegleitung sollen unsere Arbeit verbessern. Die vielen jungen Mitarbeiter sind hungrig nach Fortbildung."

Vor Kurzem wurde neben unserem Sozialzentrum ein wunderschöner Turnsaal eröffnet, dazu einige Räume, die als Werkstätten, Bastel- und Hobbyräume dienen. Im Turnsaal können die Kinder und Jugendlichen ihren Bewegungsdrang ausleben, wir können dort Proben abhalten und Feste feiern.

## ANGELA KEIM, 20 JAHRE, VOLONTÄRIN

*Jeden Tag werde ich von den Kindern neu überrascht und erlebe die verrücktesten und schönsten Momente … an ihren Gefühlen teilhaben zu dürfen, ist immer ein so wertvolles Geschenk!*
*Das wohl bisher intensivste und berührendste Erlebnis hatte ich mit Victor, einem zweiundzwanzigjährigen ehemaligen Drogenabhängigen, dem Wunderkind aus dem Sozialzentrum Lazarus. Er ist sehr intelligent und einmalig begabt beim Klavierspielen, aber chronisch erkältet, sehr labil und depressiv.*
*Nach einem gereizten Wochenende, an dem er schon jeden Tag angetrunken und aggressiv war, winkte er mir Sonntagabend mitten unter dem Gebet plötzlich zittrig zu und kletterte aus dem Fenster. Da stand er dann auf dem schmalen Vorsprung; er wollte springen und sterben. Abgesprungen ist er aber nicht und nach langen Überredungen konnten die Erzieher ihn wieder hereinlocken. Nachdem ich das Abendgebet mit sehr aufgedrehten Kindern fertig improvisiert hatte, saß ich etwas perplex und schockiert im Mitarbeiterzimmer, als es hieß, Victor wolle mit mir reden. Sehr skeptisch habe ich mich zu ihm auf die Treppe gesetzt – ob er erklären, sich entschuldigen wollte?*
*Aber er war einfach nur frustriert und aggressiv. Auf wen er denn noch vertrauen könne, wir alle würden ihn nur wegen der Musik schätzen und ausnützen, wenn er Geld oder ins Mitarbeiterzimmer wolle, habe er plötzlich keine Freunde mehr, alle Menschen seien falsch. Er sei kein Straßenkind, er habe keine Probleme mehr, aber wir würden denken, er sei „shit“, und ihn so behandeln …*
*Ich versuchte ihn zu beruhigen, klar zu argumentieren, ihm seine Situation, die Regeln und sein Verhältnis zu uns klar zu machen. Aber er ist rhetorisch sehr gut und aus seiner Perspektive schien wirklich alles unlogisch. Ich war sein Gegner in der Aggression, die Argumentation war ein Teufelskreis.*
*Der wurde plötzlich durchbrochen, als mir ganz kurz – weil ich einfach so berührt war von seiner Verzweiflung – Tränen in die Augen*

*kamen. Das brachte ihn aus dem Konzept, ebenso, dass in diesem Moment die anderen Volontäre in die Stadt gingen, ich aber bei ihm sitzen blieb.*
*Von da an war er nüchtern, betreten, sah mich mit anderen Augen und öffnete mir ein kleines Fenster in seine Seele, die er sonst sehr gut versteckt.*
*Dass er nicht mehr weinen kann, seit er zehn ist, und sich so gerne einmal reinigen, allen Druck loswerden möchte …*
*Dass er jeden Tag im Gebet ist, aber nichts spürt, wenn er betet, sich so sehr ein Zeichen wünscht. Er kann nicht mehr nur auf Gott vertrauen.*
*Dass er mit niemandem richtig reden kann und nie weiß, wem er vertrauen kann.*
*So weit hatte er sich mir noch nie geöffnet, und noch dazu auch für meine vorsichtigen Antworten:*
*Dass er doch Zeichen bekomme, dass sich sein Leben doch sehr verändert habe, von den Drogen zur Musik; dass er täglich Fortschritte mache und dass jeder mal Aussetzer habe, das sei menschlich, dass er aber nicht mehr aus dem Fenster springen müsse, wenn er mit mir reden wolle. Und dass ich für ihn beten würde.*
*Er war völlig ruhig, unendlich dankbar.*
*Das Fenster in sich hat er aber schon am nächsten Tag wieder gut verschlossen.*

---

## Die Zugehörigkeit hört nicht auf

Ganz hinten in der Kapelle stand ein junger Mann und weinte. Nach dem Gottesdienst nahm ich ihn in die Arme und fragte, was los sei. „Ich muss gehen", schluchzte er. Warum? Iulian war von Anfang an bei uns gewesen – er war der mit dem „Ratten-Tiger-Gesicht" – und der besondere Freund von Ruth. Er hatte die Schule geschafft und Friseur gelernt, eine große Leistung bei seiner schwachen Begabung. Seit über einem Jahr hatte er Arbeit und hielt durch, was alle erstaunte. Wir waren stolz auf ihn.

Warum musste er gehen? Langsam brachte er es heraus: Sein Betreuer hatte für ihn ein Zimmer gefunden. Nach zwölf Jahren verließ er die „Farm für Kinder" und wurde selbstständig. Inzwischen umringten uns viele Kinder, sie waren neugierig und wollten Julian trösten.

Iulian ist ein Vorbild für euch alle, erklärte ich den Kindern. Er zieht heute aus, aber er gehört weiterhin zu unserer Familie. Er wird im Club CONCORDIA mitmachen.

Der Club CONCORDIA ist für die Jugendlichen da, die wir aus unserem Schutz entlassen können, auf deren Mithilfe wir jedoch weiterhin angewiesen sind, um den Kindern, die noch auf der Straße oder in Not sind, nachzugehen. Niemand kennt deren Bedürfnisse so genau wie die ehemaligen Straßenkinder und sie wollen ihre Fähigkeiten und Kräfte unter Beweis stellen.

So treffen sich jeden Samstag unsere ehemaligen Schützlinge, die selbstständig geworden und in die Welt gezogen sind, um ihre Gemeinschaft weiterzuführen, vor allem aber, um nun den Jüngeren zu helfen.

Die Treffen am Samstag seien die schönsten Stunden der Woche, sagt Nicu. Er arbeitete als Pförtner in einer Schule, wo er auch wohnen konnte. In der Abendschule holte er die Matura nach. Am Samstag hatte er frei und traf seine „Geschwister" im Club. Manche kannte er schon aus der Zeit, als sie noch auf der Straße waren. Die zwanzig jungen Erwachsenen hatten viel zu erzählen, von früher, von der Arbeit, vom Studium, Neuigkeiten aus „ihren" Kinderhäusern. Von Freunden und Freundinnen wurde geprahlt, bis Costin, der Leiter, mit dem Programm begann. Diesmal organisierte der Club „Olympische Spiele". Die Mitglieder hatten viele Fragen und Aufgaben für einen Wettbewerb vorbereitet, an dem alle CONCORDIA-Häuser teilnehmen sollten. Praktische Tests in Nähen, Basteln, Bügeln, Kochen wurden abgehalten, Aufgaben aus

Biologie, Geografie und Literatur wurden gestellt; auch mit Kreativität, mit Gedichten, Vorlesen, Tanz und Liedern waren Punkte zu gewinnen. Dazu gab es Wissenstests und sportliche Wettkämpfe. Die Olympischen Spiele gingen über Monate, die Leute vom Club Concordia kamen in alle Kinderhäuser, bis der Sieger ermittelt war. Der erste Preis war ein mehrtägiger Ausflug in die Karpaten oder ins Donaudelta.

Die Kinder, die erwachsen und selbstständig geworden waren, ließen uns in den nicht geringer werdenden Sorgen nicht allein und auch wir möchten sie ein Leben lang begleiten. Die Zugehörigkeit darf kein Ende haben. In diesem Sinn verstehen wir uns als Kirche.

## *Eine neue Herausforderung*

Drei Stunden Warten an der Grenze. Zum ersten Mal war ich mit Freunden unterwegs nach Moldawien. Die Zollbeamten sprachen Russisch. Ein paar Dollar bewirkten, dass wir uns auf Rumänisch verständigen konnten.

Aus der Freiheit Rumäniens kamen wir nun in ein anderes Land. Warum taten wir uns das an? Wir hatten unsere bisherigen Aufgaben noch nicht gelöst. Die Kämpfe mit den Behörden waren mühsam und noch waren viele Kinder auf der Straße. Wir arbeiteten mit jungen Erziehern, die alle Führung und Ausbildung brauchten. War es Übermut, dass wir uns trotzdem nach Moldawien wagten? Nach der ersten Meile in Rumänien noch eine zweite Meile gehen?

Zweimal sieben Jahre hatte Concordia in Rumänien gearbeitet. Wir hatten ein Modell für die Rettung von Straßenkindern aufgebaut, angefangen von Streetwork über das Sozialzentrum, die Kinderhäuser, Ausbildungswerkstätten, Wohngemeinschaften bis zur Begleitung in die Selbstständigkeit. Heute sind die Hoffnungskinder in Rumänien nicht mehr zu zählen. Und die allgemeine Situation im Land hat sich geändert. Es gibt jetzt viele gute Angebote auch für Kinder und der Staat hat als eine seiner Richtlinien erklärt, mit allen NGOs zusammenarbeiten zu wollen, mit unserer Organisation CONCORDIA und anderen.

In dieser Situation drängten uns unsere ambitionierten jungen rumänischen Mitarbeiter, nach Moldawien – in die Republik Moldau, wie der offizielle Name lautet – zu gehen. Sie wollten weitergeben, was sie empfangen hatten, ganz im Sinne der Psychologie Jesu: „Geben ist seliger denn nehmen."

Gerufen hatte uns der katholische Bischof von Chişinău, der Hauptstadt Moldawiens. Seit zehn Jahren gibt es hier wieder die katholische Kirche im Land. Die kleine Kathedrale, die jahrelang als Kinosaal gedient hat, ist erneut ein Ort der Andacht und die Kirche darf Sozialarbeit machen.

In Moldawien, das früher zur Sowjetunion gehörte, stellen sich die Probleme anders dar als in Rumänien. Es ist heute ein selbstständiger Staat mit einer kommunistischen Regierung und vielen politischen Problemen, zum Beispiel dem Konflikt um Transnistrien, ein Gebiet an der Ostgrenze, das sich von der Zentralregierung abgespalten hat.

Ein Großteil der Bevölkerung ist arbeitslos. In Moldawien gibt es keine Straßenkinder, aber unzählige verlassene Kinder. Die Not ist verborgen, anders als in Rumänien. Ein Viertel der 4,4 Millionen Einwohner, über eine Million junger Menschen, arbeitet im Ausland, weil sie hier kein Einkommen finden können und ihren Kindern eine Zukunft schaffen wollen. Nach offiziellen Angaben gibt es über 50.000 Kinder, die zurückgelassen wurden, vielfach unbetreut oder bei überforderten Großmüttern oder anderen Verwandten. Zwölfjährige finden sich plötzlich als Familienoberhäupter und müssen sechs Geschwisterchen versorgen, an Leib und Seele. Es gibt zwar staatliche Internate, doch sie sind problematisch, da sie jeweils mehrere hundert Schützlinge beherbergen und es ihnen oft an Geld für das Nötigste fehlt. Das Durchschnittseinkommen der Menschen soll laut Statistik wenig mehr als vierzig Euro pro Monat betragen, fast die Hälfte der Bevölkerung muss mit fünfzehn Euro im Monat auskommen. Entsprechend groß ist die soziale Not vieler Familien und Kinder.

Moldawien war für mich und meine Mitarbeiter aus Rumänien eine neue Herausforderung. Wir mussten nun auch Russisch lernen; Moldawien ist zweisprachig. Auch unsere Kinder sprechen Russisch und Rumänisch – eine große Chance dieses Landes als kulturelle Brücke zwischen romanischer und slawischer Welt. Für ein friedliches Europa wird dies von Nutzen sein.

Der Anfang war nicht leicht. Es war Winter und wir hatten noch kein Haus. Die bürokratischen Hürden schienen unüberwindbar. Doch gerade in der Sozialarbeit gibt es viele Überraschungen und läuft nichts nach Plan. Neu gewonnene Freunde im Land halfen uns; dazu kam Unterstützung von ganz oben, durch die Frau des Staatspräsidenten. Taisia Voronina, von Beruf Kindergärtnerin, erkannte in unserem Projekt „Stadt der Kinder", das in Pirița, dreißig Kilometer außerhalb der Hauptstadt Chișinău, entstehen sollte, die Chance, im Bewusstsein ihrer Landsleute einiges zu bewegen. Sie sah sich unsere Projekte in Rumänien an, erleichterte uns den Weg durch den Dschungel der vielen Vorschriften und stellte uns ein ehemaliges Pionierlager zur Verfügung, Ruinen, die aus dem Bürgerkrieg des Jahres 1992 geblieben waren. Eine im Osteuropageschäft sehr engagierte österreichische Baufirma stellte mit vielen Betrieben aus der Region in Rekordzeit den ersten Bauabschnitt fertig. Zu Weihnachten 2004 hatten wir Plätze für 120 Kinder, die in familiären Gemeinschaften zusammenleben sollten, ein Gästehaus, das für Volontäre aus ganz Europa offen steht, und eine Krankenstation; die Ärzte und Krankenschwestern sollten auch für die Kinder der Umgebung da sein. Unsere Schützlinge gingen in die benachbarte Dorfschule, bei deren Renovierung wir Unterstützung leisteten. Die Erfahrungen aus der ersten Etappe flossen in die Planungen für die zweite Etappe ein. So

)ben: Pater Georg Sporschill (r.) mit Karl Rahner (2. v. r.) und Freunden.
Jnten: Im Jugendhaus der Caritas (JUCA) in der Blindengasse, Wien.

Oben: Essensausgabe im Canisibus.
Unten: Mit Kardinal Franz König.

Mit Prälat Leopold Ungar, dem Präsidenten der österreichischen Caritas.

Oben: Am Nordbahnhof in Bukarest.
Unten: Im Sozialzentrum Sf. Andrei in Bukarest.

)ben: Ruth Zenkert und Pater Georg Sporschill im Kreis ihrer Schützlinge; in der Mitte Iulian.
Jnten: Mit Iulian.

Ein fröhliches Bild Alins.

lin, der nackt auf der Straße um Hilfe rief, hat im Kinderhaus Sf. Paul Zuflucht gefunden.

Oben: In der Winterkantine.
Unten: Ausruhen von den Nöten der Straße: im Sozialzentrum Lazarus.

kann ich mir vorstellen, dass wir mit den Kindern auch alte Leute aufnehmen, die Ärmsten im Land. Kinder werden reich, wenn sie den Älteren dienen lernen. Auch hier möchte ich Concordia, einen Zusammenklang der Herzen, schaffen. Es ist lähmend, wenn nur Alte miteinander über die Jugend reden, und perspektivlos, wenn nur Junge über die Alten reden. Ich möchte jene, die oft Kontrahenten sind, miteinander in eine positive Begegnung bringen und nicht in Konfrontation.

In Moldawien erleben wir eine große Offenheit. Unsere jungen Mitarbeiter setzen sich mit Begeisterung ein und gewinnen Hoffnung mit jeder Begegnung, mit jedem neuen Projekt, ob wirtschaftlich oder sozial. Bis hin zum Präsidenten finden wir offene Tore und Bemühungen, die sozialen Probleme zu lösen. Persönliche Freundschaften können sich zu politischen Partnerschaften entwickeln.

Täglich begegnen wir neuen Anforderungen. Nachbarn bringen verlassene Kinder an unsere Türe, wir kommen mit den Kindern in Krankenhäuser und sehen überall Handlungsbedarf. Vor allem aber möchten wir junge Leute fördern. Mein Traum ist es, eine Brücke zwischen Österreich und Moldawien zu bauen, über die es zu einem Austausch kommt. Jugendliche Helfer haben schon angefangen. Zum Beispiel Valerie aus Österreich. Sie wollte eigentlich Schauspielerin werden, kam dann aber für ein soziales Jahr zu CONCORDIA Moldawien:

„Hier habe ich etwas viel Faszinierenderes gefunden: Ich kann helfen, ich lerne ein fremdes Land kennen, ich finde neue Freunde und lerne Russisch und Rumänisch. Am Abend bin ich immer sehr müde. Es gibt viel zu tun. Ich denke mir, in Österreich habe ich eine so wunderbare Familie und das will ich den Kindern unbedingt weitergeben.“

# Was mich geprägt hat

## *Der Pater ist ein bisschen verrückt*

Das haben sich wahrscheinlich schon etliche gedacht, doch laut ausgesprochen hat es Moise, seit fünfzehn Jahren mein Schützling. Was mag er damit gemeint haben?

Von früher Jugend an haben mich die Außenseiter interessiert, die Obdachlosen, die Strafentlassenen, die Schwierigen. Ich fühle mich ihnen verbunden – vielleicht bin ich selbst ein verhindertes Straßenkind, ein verhinderter Clochard, obwohl ich aus einem ganz anderen Milieu komme, einer katholischen Vorarlberger Familie mit neun Kindern. Ich erinnere mich an eine selbstverständliche Geborgenheit in der Familie und im Glauben, an Rituale – etwa das Tischgebet oder den Besuch der Messe am Sonntag –, aber an keine langen Gespräche oder Diskussionen; dafür war gar nicht die Zeit. Später habe ich ein Psychologiestudium absolviert, doch alles, was ich heute mit meinen Straßenkindern mache, könnte ich im Detail auf meine Mutter zurückführen, eine Frau, die schon nach acht Volksschulklassen die Schule verlassen hat. Sie wuchs auf einem kleinen Bauernhof auf und musste als Vierzehnjährige in die Schweiz, um dort in einem Haushalt zu arbeiten. Vieles, was für heutige Kinder selbstverständlich ist, konnte sie daher nicht lernen, etwa schwimmen oder Rad fahren; wir Kinder haben sie deshalb oft verspottet. Sie war eine belesene, gescheite und vor allem tüchtige Frau, die den Haushalt mit neun Kindern bewältigte.

Innerhalb der Familie musste ich schon früh Verantwortung übernehmen und auf kleinere Geschwister aufpassen. Vielleicht der Beginn meiner Jugendarbeit? Außerdem war ich Ministrant, was für einen kleinen Buben gar nicht so leicht war. Es war anstrengend, das schwere Messbuch von der einen auf die andere Altarseite zu schleppen. Dazu kam, dass die Kirche im Winter ungeheizt und eiskalt war. Wir waren in diesem Dienst über die Grenze hinaus gefordert, aber er war selbstverständlich; wir dachten gar nicht daran, ihn abzulehnen.

Ich war kein guter Schüler, unruhig und quirlig; ich hätte Flöhe in der Hose, meinte meine Lehrerin manchmal. Ich litt unter jeder Stunde und hatte selten Erfolgserlebnisse, doch es wäre undenkbar gewesen, einmal eine Klasse zu wiederholen. Da hätte ich mich nicht mehr nach Hause getraut. So habe ich mich eben durchgeschlagen. Später wurde es besser, wobei mir eine Aufgabe half: Unser Religionslehrer im Gymnasium hatte eine „Aktivistenrunde" ins Leben gerufen, beinahe eine Art Geheimzirkel. Wir trafen uns wöchentlich und bekamen die Aufgabe, uns um einen anderen, einen so genannten Zellenfreund, zu kümmern und dann in regelmäßigen Abständen davon zu berichten. Einer musste einem schlechten Schüler in Latein Nachhilfe geben, ein anderer einen Außenseiter in der Klasse zu seinem Freund machen. Wieder ein anderer hatte für einen Fahrschüler einen Kosttag, einen Platz zum Mittagessen in einer Familie zu organisieren. Einer musste wie ein Detektiv herausfinden, warum ein Mitschüler sich auf dem Schilager mehrmals betrunken hatte. Dann wurde noch ein Jungscharführer gebraucht. Diese Aufgabe übernahm ich, und obwohl ich fortan viel weniger Zeit zum Lernen hatte, wurde ich ein besserer Schüler.

Außerdem war mir aufgetragen, einen Mitschüler, der aus einem nichtreligiösen Haus stammte, in die Kirche zu bringen. So stellte ich mich einfach eine halbe Stunde vor der Messe an sein Gartentor und wartete, bis er herauskam und mit mir gemeinsam in die Kirche ging. Ob er dadurch frommer geworden ist, weiß ich nicht; wir wurden jedenfalls gute Freunde. Wahrscheinlich war vor allem das Erlebnis wichtig, dass einem jemand nachgeht, dem es nicht egal ist, was man macht. Verantwortung übernehmen zu können und zu sehen, wie stark ich war, was ich im Leben eines anderen bewegen konnte, war eine wichtige Erfahrung. In der Aktivistenrunde und mit dem Freund, der mich brauchte, spürte ich das Geheimnis der Jugendarbeit – und so fand ich Jahre später meine Berufung. Ich habe davon übernommen, dass es von Vorteil ist, Jugendliche auf Jugendliche anzusetzen. Ein Erwachsener kann bei Jugendlichen schwerer das erreichen, was andere aus seiner Altersgruppe zu Stande bringen. In einem Alter, in dem junge Menschen sich den Erwachsenen gegenüber leicht verschließen, öffnen sie sich eher ihren Altersgenossen.

Nach der Matura stellte sich die Frage, wie es weitergehen sollte. Mein bester Freund trat ins Innsbrucker Priesterseminar ein, und obwohl ich ursprünglich Jus studieren wollte, dachte ich mir: Das könnte ich eigentlich auch machen. Ein paar Jahre lang litt ich sehr unter der strikten Disziplin; die Hausordnung war äußerst streng, wir fühlten uns eingesperrt, durften nicht ausgehen. Nur einige Wagemutige schlichen sich nachts aus dem Haus; hätte man sie erwischt, wären sie relegiert worden. Diese Abgeschlossenheit hatte allerdings den Vorteil, dass dadurch enge Kameradschaften entstanden.

Als ich für ein Jahr nach Paris ging, um an der Sorbonne und am Institut Catholique zu studieren und als Au-pair in einer Familie zu arbeiten, wo ich ein behindertes Kind zu betreuen hatte, kam ich in eine völlig andere Welt. Es war die Zeit der großen Studentenunruhen vom Mai 1968 und ich trieb mich jeden Tag auf der Straße herum. Es war ein aufrüttelndes Erlebnis, einfach zu demonstrieren, ohne genau zu wissen, wogegen. Wir waren jede Nacht in den schönsten Theatern von Paris und skandierten unsere Parolen: „Das Theater dem Volk, den Arbeitern!“ Che Guevara war mein Idol, wie viele junge Menschen damals hatte auch ich ein riesiges Guevara-Bild in meinem Zimmer hängen. Geblieben sind mir aus dieser Zeit Atmosphäre, Stimmungen, nicht Inhalte, und ein Gefühl, dass es gut ist, einmal im Leben benachteiligt zu sein. Als solcher fühlte ich mich gegenüber den Franzosen, deren Sprache ich nur schlecht beherrschte. Dem behinderten Buben, den ich jeden Tag ins Heim brachte, war das egal; er nahm mich auch so ernst und dafür habe ich ihn geliebt.

Ein Linker bin ich trotzdem nicht geworden; ich bin wohl eher ein individualistischer Bürgerlicher, der daran glaubt, dass auch ein Einzelner viel bewegen kann, nicht nur das Kollektiv. Aber eine gewisse Vorliebe für die Außenseiter, für die Unangepassten ist mir geblieben. Ich leide unter den Braven mehr als unter den Schwierigen, unter den Pedanten mehr als unter den Unberechenbaren.

Mit Kategorien wie „links" und „rechts" kann ich wenig anfangen. Ich denke an meine großen Freunde in der Kirche, Kardinal König, Karl Rahner, Prälat Leopold Ungar. Es waren Menschen von sehr freiem Geist, doch keiner von ihnen vertrat eine Laisser-faire-Haltung oder war besonders milde; sie ließen sich nur nicht auf oberflächliche Kategorisierungen wie progressiv oder konservativ festlegen. Sie waren in Gott verwurzelt und dadurch wird der Blick auf die Menschen sehr frei.

Nach meiner Rückkehr aus Paris trat ich aus dem Priesterseminar aus. Das geschah aus einem diffusen Protest gegen die Eltern, gegen den Bischof, gegen die Kirche; dahinter stand keine intellektuelle Auseinandersetzung. Mein Theologiestudium war beinahe abgeschlossen und mein Vater verlangte, zu Ende zu bringen, was ich angefangen hatte. Das tat ich denn auch, zähneknirschend, nahm aber kein Geld mehr von ihm an und begann ein zweites Studium. Meinen Lebensunterhalt verdiente ich mir als Hilfsarbeiter in einem Versandhaus.

Kurz zuvor hatte mich der Jesuit Wolfgang Feneberg, der mein Lehrer und bester Freund werden sollte, gefragt: „Was würdest du am liebsten werden, wovon träumst du?" Das Bild, das in mir am meisten zum Klingen brachte, sah so aus: Ich wollte straffällig gewordene Jugendliche begleiten. Ich wusste also, welches Studium ich absolvieren wollte: Psychologie und Pädagogik. Ab diesem Tag hatte ich immer wieder in verschiedenen Jugendanstalten oder Jugendgefängnissen zu tun und dort entstanden meine tiefsten Beziehungen.

Es sollte noch einige Jahre dauern, bis daraus meine Lebensaufgabe wurde. Nach der Promotion arbeitete ich ab 1970 als Hochschulassistent und später als Jugendreferent in der Vorarlberger Landesregierung. Und beinahe hätte ich geheiratet, hätte meine Auserwählte – eine kluge Frau – nicht mit dem Argument Nein gesagt, ich wolle ja im Grunde etwas ganz anderes. Ein Jahr lang war ich todunglücklich. Doch es war einer jener Knotenpunkte in meinem Leben, an denen mich ein scheinbarer Misserfolg auf einen neuen Weg brachte. Ich bekam nie Gemütlichkeit geboten und so blieb mir eben nichts anderes übrig, als die Flucht nach vorne anzutreten.

Dieser neue Weg führte mich dazu, in den Jesuitenorden einzutreten und die Priesterweihe zu empfangen. Wenn ich mich heute frage, woher ich die Kraft erhielt, mit dreißig Jahren als wohlbestallter Beamter aufzuhören und Jesuit zu werden, in die Welt hinausgerufen zu werden und bei Straßenkindern und Obdachlosen zu leben, dann muss ich die Antwort geben: Sie kommt aus einem einzigen Schatz, den ich im Herzen trage, vom Glauben, den ich in der Kindheit und Jugend empfangen habe. Und wenn man einmal Verantwortung übernommen hat, wenn man einmal in diese positive Falle geraten ist, Feuer gefangen hat, dann gibt es kein Zurück mehr. Den Schatz des Glaubens haben wir alle in uns, doch die Frage lautet: Gelingt es uns heute, diesen Schatz an die nächste und übernächste Generation weiterzugeben? Glauben muss heute anders aussehen als vor vierzig Jahren, in meiner Jugendzeit; die Situation hat sich geändert. Heute geht es nicht mehr so sehr darum, unseren Glauben an die nächste Generation zu vermitteln, einfache Antworten zu geben oder den Weg zu zeigen. Heute geht es darum, zu suchen, aufzubrechen, sich auf den Weg zu machen, Fragen zu stellen, zu verstehen, warum viele kritisch sind. Es geht darum, die Ohren zu öffnen oder – ohne die Antwort zu wissen – die Sehnsucht, die Erwartung groß zu machen, damit Gott uns überraschen kann.

**Heute geht es darum, zu suchen, aufzubrechen, sich auf den Weg zu machen, Fragen zu stellen, zu verstehen, warum viele kritisch sind.**

Ein weiterer Grund für meinen Entschluss war, dass ich durch verschiedene Erlebnisse in meiner Kindheit und Jugend einen Anstoß erhalten hatte: die Aktivistenrunde in der Schule, die Revolution in Paris, die Praktika während des Psychologiestudiums. Dazu kam, dass es in meinem Leben immer gute Lehrer gab, strenge Menschen, die mich herausforderten. Heute sind es die Kinder, damals waren es meine Volksschullehrerin, der Religionslehrer im Gymnasium, Wolfgang Feneberg. Aus dem heraus, was sie mir zugemutet haben, haben sie mir viel Liebe geschenkt. Und es war ihr Beispiel, das mich motivierte. Auch heute noch denke ich nicht, dass man mit Anordnungen und Befehlen viel erreicht. Das Wort „sollen" gibt es bei Jesus nicht. Er redet nur im Indikativ: „Ihr seid das Licht der Welt, ihr seid das Salz der Erde." Ebenso Paulus: „Ihr seid der Brief, ihr seid mein Ehrenkranz." Nie heißt es: „Wenn ihr dies und jenes tut, dann …" Diesen Indikativ zu entdecken, ist das Geheimnis der Pädagogik. Es heißt anzuschauen, was ist, nicht hervorzurufen, was nicht ist. Achtsamkeit ist das Erste, schauen und staunen; dann wird jeder Mensch interessant. Und daraus kann man ein Programm machen.

1976 trat ich der österreichischen Provinz der Gesellschaft Jesu, den Jesuiten, bei; 1978 wurde ich zum Priester geweiht. Durch Wolfgang Feneberg lernte ich den berühmten Theologen Karl Rahner kennen, der damals in Innsbruck lehrte. Er bewahrte mich vor dem Schicksal, Universitätsprofessor werden zu müssen, wofür mich mein Provinzial vorgesehen hatte; ich fühlte mich ungeeignet dafür. Rahner schrieb dem Provinzial einen langen Brief und überzeugte ihn, dass ich nicht der Richtige für diese Aufgabe sei. Mein Weg war die Arbeit mit straffällig gewordenen, obdachlosen, drogensüchtigen Jugendlichen, und hier fand ich einen neuen Mentor, Prälat Leopold Ungar, den Präsidenten der österreichischen Caritas, der mir später die Möglichkeit gab, die Obdachlosenarbeit der Caritas in Wien aufzubauen – Häuser für Obdachlose, den „Canisibus", der täglich mithilfe freiwilliger Mitarbeiter/innen warmes Essen an Obdachlose ausgibt, Streetwork und das Restaurant Inigo, ein Beschäftigungsprojekt für Strafentlassene. Die Caritas führt all dies heute weiter.

Am Beginn gab mir ein wunderbarer Sozialarbeiter den Rat: „Geh zum Bahnhof, trink dort in der Schwemme ein Bier und du weißt, was du zu tun hast." Das tat ich, und als ich die Obdachlosen und Heimatlosen sah, wusste ich, wer mich brauchte. Die Begegnung mit ihnen war schwierig, manchmal gefährlich und mühsam, doch die Menschen, zu denen wir gesandt waren, haben uns zwar belastet und herausgefordert, uns aber auch Kraft gegeben. Gestärkt und gehalten hat mich das Wissen, dass ich gebraucht werde.

1982 drückte mir Prälat Ungar den Schlüssel eines ehemaligen Damenstifts in die Hand, das die Caritas gekauft hatte, und sagte: „Mach etwas." Daraus wurde ein großes Projekt, das Jugendhaus der Caritas in der Blindengasse im 8. Wiener Gemeindebezirk.

Mit mir zog ein Strafentlassener ein, der weder einen Job noch eine Bleibe hatte. Schon nach einer Woche überfiel er mit unserem Küchenmesser die Trafikantin in der Nachbarschaft und raubte ihr Geld, worauf er in eine Anstalt für geistig abnorme Rechtsbrecher eingewiesen wurde. So sah mein Einstieg in die Sozialarbeit aus. In dieser Geschichte ist alles enthalten: Hans war mein erster Freund, was bedeutete, dass er mich wirklich brauchte. Damit war ich an ihn gebunden und fühlte mich auch an ihn gebunden.

Wenn man ein Haus für solche Leute aufbauen will, sieht man, dass es nicht nur ein konkretes Gebäude, sondern auch symbolisch gemeint ist, als Obdach und Schutz. Hätte ich aber das Haus nicht gehabt, hätte ich auch die Welt nicht gehabt. Durch diesen einen kamen viele andere und das Haus füllte sich mit Schützlingen. Ich lebte dort mit hundert der schwierigsten Jugendlichen Wiens, alle aus dem Gefängnis entlassen, drogensüchtig, gewalttätig. Blut floss, oft mussten wir die Polizei holen. Trotzdem fühlte ich mich dort wohl. Allmählich zogen auch freiwillige Helferinnen und Helfer ins Haus und es entstand eine Gemeinschaft mit klaren Regeln. Wir versuchten die Jugendlichen zur Arbeitssuche zu motivieren und ihnen in ihrer Orientierungslosigkeit Halt und Richtung zu geben. Unterstützung fanden wir nicht nur bei Prälat Ungar, sondern auch bei Kardinal König. Karl Rahner machte im Rahmen seiner Vortragstätigkeit immer wieder auf unser Projekt aufmerksam.

## *Ein Meister der guten Fragen*

Ich hatte den großen Theologen Karl Rahner 1976 in Innsbruck kennen gelernt und ihn acht Jahre lang begleitet. Am Anfang begegnete ich ihm mit Scheu, schließlich war er der berühmte Professor, aber schnell entstand eine sehr persönliche Beziehung. Rahner schenkte mir jeden Monat für die Zeitschrift *Entschluss*, die ich damals redigierte, einen Artikel. Als Gegengeschenk führte ich ihn in die Welt, als sein Chauffeur (er konnte nicht Auto fahren), Urlaubsbegleiter, Gesprächspartner. Wenn mir Pater Rahner einen Artikel zugesagt und alles diktiert hatte, meinte er nachher oft: „Wollen wir miteinander essen oder irgendwohin fahren?“ So arbeiteten wir am Vormittag und machten am Nachmittag einen Ausflug, meistens nach Südtirol. Einmal waren wir sogar in Venedig, nur so zum Kaffeetrinken.

Er liebte es, chauffiert zu werden. Oft war er sehr still, sagte kein Wort, schaute nur in die Gegend; es war wie ein Meditieren. Auch so hat er mir sehr viel Nähe geschenkt und Mut gemacht.

Wenn Pater Rahner in Wien war, wohnte er nicht im Hotel oder in einem Gästehaus der Jesuiten, sondern übernachtete bei uns im Jugendhaus. Er erlebte gerne neue Sachen und war neugierig: ein Kennzeichen für ihn und für seine Theologie. Ich glaube, es imponierte ihm, dass er bei mir in der Blindengasse viele verrückte oder zumindest unbekannte Dinge entdecken konnte. Mit beinahe kindlicher Wissbegier betrachtete er meine Jugendlichen und fragte mich einmal leise: „Du, Georg, ist der da drogensüchtig?"

Karl Rahner lebte sein Gelübde der Armut beispielhaft. Das führte den großen Gelehrten zu ständigen Kontakten mit einfachen oder kranken Menschen, von denen er sich spirituell beschenken ließ. Seine innigste Beziehung war die zu einer schwer kranken Frau, mit der er eine jahrelange Korrespondenz führte und die er immer wieder besuchte. Er ging in Alters- und Pflegeheime, wo er bei geduldigem Zuhören und seelsorglichem Rat selbst lernte und die Freude empfing, auch als Wissenschaftler von Menschen geliebt, gesucht und gebraucht zu sein.

Karl Rahner betätigte sich gerne sozial. Deswegen brachte ich ihn mit meinen Jugendlichen zusammen oder lud ihn ein, wenn mir das wichtig schien. Zusammen gaben wir ein Buch heraus: „Kennst du mein Problem". Ich steuerte Briefe von Jugendlichen bei, er gab Antworten darauf.

Man durfte ihm jede Frage stellen – er hat es geliebt, darüber nachzudenken – und er stellte selbst Fragen, die manchmal zugleich Antworten waren. Einmal wollte ich von ihm einen Text zum Thema Glück haben. Seine Replik lautete: „Ja, muss man denn immer glücklich sein?" Darüber könnte man sehr lange grübeln. Und am Hauptbahnhof in München meinte er angesichts des Gedränges: „Muss es denn so viele unsterbliche Seelen geben?" Er war eben ein Meister der guten und witzigen Fragen.

Karl Rahner beschäftigte sich radikal und ehrlich mit allen

modernen Anliegen, auch wenn er stark in der Tradition verwurzelt war. Doch eben diese Anbindung an die Tradition half ihm bei dieser Auseinandersetzung. Und so machte er vielen Menschen Hoffnung.

In Erinnerung geblieben ist mir seine unglaubliche Weite. Ich konnte mit ihm über alles reden und hatte nie Angst, dieses oder jenes nicht ansprechen zu dürfen. Er war nicht kleinkariert oder festgelegt. Bei ihm hatte alles seinen Platz.

## *Was uns Ignatius zu sagen hat*

Jugendliche, die ich als Psychologiestudent im Gefängnis und in Heimen besuchte, weckten in mir zum ersten Mal den Wunsch, Jesuit zu werden. Heute frage ich mich nicht mehr, ob ich lieber Benediktiner oder Augustiner hätte werden sollen; ich habe eben diese Wahl getroffen und mit ein wenig Nachdenken herausgefunden, dass es mir mehr liegt als anderes. Es ist mit einer Partnerschaft vergleichbar: Man begegnet zufällig jemandem und überlegt sich, ob diese Person zu einem passt und ob man zu ihr passt. Es ist eine Berufung, so unerklärlich wie die Liebe zu einem Menschen.

Am Jesuit-Sein liebe ich die große Eigenverantwortung, das Vertrauen des Ordens in jeden Einzelnen, der nur an Gott gebunden ist. Sonst ist der Jesuit frei, sich in der Welt einzusetzen. Auch der heilige Ignatius von Loyola, unser Ordensgründer, wollte, wie Karl Rahner schrieb, „aus mystischer Inspiration heraus in einer fast fanatischen Entschlossenheit ein radikal Armer sein in engem Kontakt mit den sozial Deklassierten“. Besonders wichtig für ihn sind jene Worte Jesu, in denen davon die Rede ist, dass der Mensch sich danach sehnen solle, arm und geschmäht zu sein. Wenn man dies ist, dann ist man auf andere angewiesen, man ist neugierig, man stellt Fragen, hat nicht das Gefühl, alles zu wissen. So stiftet man Partnerschaft.

Ein zweiter wichtiger Satz für Ignatius lautet: „Selig die, die

Verfolgung leiden." Nur wenn man sich unterlegen fühlt, erwacht in einem die Kraft, etwas zu verändern. Vielleicht ist das die Quelle des Revolutionären. Für Ignatius ist es auch ein Mittel zur Unterscheidung der Geister: der Wunsch, arm zu sein, hungrig und nicht satt, mit der Kraft zur Veränderung und nicht angepasst. Und für mich ist es die Quelle, aus der die Demut kommt, die Kraft zu dienen, das Selbstbewusstsein, der Mut, die Welt zu verändern. Demut ist Ich-Stärke. In diesem Zustand entwickelt man Kräfte und überdies Dankbarkeit für die empfangenen Wohltaten.

Ignatius schult auch unsere Aufmerksamkeit dafür, wie Gott sich in Alltagserfahrungen und Beziehungen, in Gefühlen und Gedanken, in den Erlebnissen der modernen Welt zeigt.

Jeder Christ hat eine Sendung und soll zur Verbreitung des Glaubens beitragen; doch in dieser Sendung geht es nicht nur um Spirituelles, sondern immer auch um die gerechte Gesellschaft. Ignatius hat uns aufgefordert, uns besonders der Armen, Entrechteten und Benachteiligten anzunehmen. Nur in Gerechtigkeit und Menschenwürde kann man glaubwürdig Christ sein. Durch die Sozialarbeit erhalten wir das als Geschenk.

Ignatius gab seinen Mitbrüdern zwar Regeln, diese sind aber den jeweiligen Umständen anzupassen. Der Einzelne hat also viel Freiheit. Unser Ordensgründer selbst hatte anfangs seine Schwierigkeiten mit der kirchlichen Hierarchie, die fürchtete, er würde mit seinem Vertrauen auf die Beziehung des Einzelnen zu Gott die Kirche entmachten. Bei ihm heißt es, jeder sei fähig, die Geister zu unterscheiden und einen Weg zu finden. Ich habe diesen Satz immer sehr ernst genommen, woraus folgt, dass es der Orden und meine Mitbrüder nicht immer leicht mit mir haben. Aber nach dreißig Jahren haben sie sich wohl an den „verrückten Pater" gewöhnt.

## *Wolfgang Feneberg, mein Freund und Lehrer*

Als ich als junger Student aus Paris zurückkam, revolutionär und kritisch gestimmt, wollte ich mit allem Bisherigen nichts mehr zu tun haben. Damals lernte ich Wolfgang Feneberg kennen, der mein engster Freund, mein Lehrer und Ratgeber wurde und es bis heute geblieben ist. Ich könnte Schritt für Schritt und Handlung für Handlung nachweisen, was alles ich von ihm habe. Immer überlege ich, was er in einer konkreten Situation tun würde, alles diskutiere ich mit ihm, wenn auch meistens etwas ganz anderes herauskommt, obwohl ich versuche, ihn abzubilden. Das ist das Geheimnis der Nachfolge.

Wolfgang ist derjenige, der durch eine gezielte Frage den Anstoß für meinen Lebensweg gab: „Welches Bild reizt dich, bringt in dir etwas zum Klingen?" Es war das Bild eines Menschen, der im Gefängnis Jugendliche betreut. Um dies verwirklichen zu können, studierte ich nach Theologie noch Psychologie und Pädagogik. Wolfgang stand mir zur Seite, sodass ich viel Zeit gewann; er vermittelte mir auch den ersten Job in einem Heim für schwer erziehbare Jugendliche und den Zugang zu einem Gefängnis. Er hat mich gelehrt, alles auf der Welt in Bewegung zu setzen.

Wolfgang war Jesuit, aber aufgrund seiner Theorien im Orden immer ein Außenseiter und Querdenker. Auch er hat ein Pädagogikstudium absolviert, doch sein Schwerpunkt ist die Bibelwissenschaft. Er lebt für die Bibel und aus der Bibel. Als junger Jesuit hatte er einen Bergunfall, wonach er lange Zeit im Krankenhaus verbringen musste. In dieser Zeit lernte er die Bibel praktisch auswendig. Ein besonderes Anliegen ist ihm das jüdisch-christliche Verhältnis; auf diesem Gebiet ist er für mich ein sehr wichtiger und, wie ich finde, viel zu wenig gewürdigter Denker. Hier ist noch viel nachzuholen; der theologische Antisemitismus ist bei Weitem nicht überwunden. Sein Anliegen ist es, das zu korrigieren und damit Jesus in der rechten Weise zu sehen, zwischen dem Judentum und seiner Neugründung der Kirche.

Irgendwann machte Wolfgang das Leben im Orden so unglücklich, dass er austrat, konvertierte und heiratete. Doch er ist sich und seinen Anliegen hundertprozentig treu geblieben. Wolfgang ist kein glatter Mensch, er passt in kein Marketingkonzept. Von einem Bankbeamten lässt er sich aus der Fassung bringen, einem Kardinal oder Bundespräsidenten tritt er als Ebenbürtiger entgegen. Er ist nicht ganz von dieser Welt, und das pflegt er auch. Aber wenn es ums Geistige geht, ist er radikal. Damit ist nicht nur die Auseinandersetzung mit der Bibel gemeint, die mich mehr und mehr fasziniert und für die ich zunehmend Zeit gewinnen möchte. Wolfgang war immer pastoral und menschlich sehr aktiv, er war immer ein Lehrer, der die Bibel in die Praxis umgesetzt hat. Er ist so radikal, im wörtlichen Sinn so tief verwurzelt, dass er jedem helfen kann.

### *Ruth Zenkert, mein Alter Ego*

Für Ruth Zenkert, die Leiterin unserer Hilfsorganisation CONCORDIA in Rumänien, gilt das Wort, das die Ruth der Bibel spricht: „Wohin du gehst, will auch ich hingehen." Seit über zwanzig Jahren steht sie mir in meiner Arbeit zur Seite und ich kann mich unbedingt und in jeder Hinsicht auf sie verlassen. Sie besitzt diese tiefe, durch nichts zu erschütternde Solidarität.

Als ich die aus Schwaben stammende junge Frau kennen lernte, arbeitete sie als Programmiererin in einer Bank, war aber auf Orientierungssuche. Danach entschied sie sich, Religionspädagogik zu studieren. Wir blieben in Kontakt und sie verbrachte ihre Ferien und Freizeit bei uns im Obdachlosenhaus in Wien. Nach dem Ende des Studiums kam sie ganz zu uns und übernahm die Leitung des schwierigsten und größten Hauses, jenes in der Blindengasse. Wenn wir die Polizei holen mussten, weil die Insassen die Tür einschlugen – es waren ja zum Teil Schwerverbrecher –, ging Ruth im Nachthemd hinunter und brachte die schweren Burschen allein mit der stillen Kraft ihrer Persönlichkeit dazu, ihre Waffen abzugeben, Pistolen, Springmesser, Schlagringe. Mit ihrem Vertrauen besiegte sie die Gewalt.

Ruth ist das Gegenteil von mir, auch vom Typ her, obwohl sie einiges von mir gelernt hat. Sie ist still, wo ich eher gesprächig, hartnäckig und geduldig, wo ich sprunghaft bin, sanft, wo ich aufbrausend bin. Doch sie denkt in vielem wie ich; Freunde behaupten sogar, sie rede wie ich. Schon in der Blindengasse hat Ruth das praktiziert, was ihr später in Rumänien, in den Kinderhäusern und heute im Sozialzentrum Lazarus zu Gute kam: Sie hat diese Orte durch eine Hausordnung, die weniger aus Gesetzen als aus geistigen Weisungen bestand, und durch Feste befriedet, mit unterschiedlichen Würdezeichen, mit Gästen, mit geistiger Beschäftigung. Sie hat begonnen, den Tagesablauf durch Rituale zu strukturieren. Das war ihr schon von zu Hause her nicht fremd; sie stammt aus einer sehr religiösen katholischen Familie. Von einer Schwester, die behindert ist und mit der sich Ruth sehr verbunden fühlt, hat sie gelernt, den Wert eines solchen Menschen zu entdecken, und sie hat auch gelernt, wie man mit ihm umgeht. Sie hat Theorie und Praxis der Sozialarbeit von Kindheit an mitbekommen.

Ruth ist ein organisatorisches Genie und EDV-Spezialistin, was uns sehr zu Gute kommt. Sie kennt sich in Zahlenwerken aus wie sonst niemand. Ich könnte das alles nicht und profitiere sehr von diesen Fähigkeiten. Sie kann singen, was ich nicht kann, sie ist belesen und gebildet, warmherzig, sanftmütig und mütterlich, konsequent und durchsetzungsfähig. Ruth bringt gelegentlich eine andere Perspektive ein, aber auf ihre Weise: Sie überlistet schweigend. Sie ist listig, schelmisch, ganz selten im offenen Widerstand, was aber nicht heißt, dass ihr Widerstand zu unterschätzen ist. Und sie gibt ihr ganzes Leben restlos hin. Mit einem modernen Ausdruck könnte man sagen: Ruth hat ihr Leben fokussiert, sie hat es hingegeben für andere Menschen. Damit ist das Wunder – soweit man Wunder erklären kann – erklärbar. Und die Worte, mit denen sie unsere Arbeit umreißt, sprechen mir aus der Seele:

„Für uns ist die Sozialarbeit kein hingebendes Opfer, sondern eine Herausforderung. Wir leben mit Obdachlosen, Drogensüchtigen, schwierigen Menschen zusammen, teilen unser ganzes Leben mit ihnen. Wir tun das, um sie durch das Zusammensein aus der Not herauszuführen. So können wir das Bewusstsein der Menschen verändern. Dies ist ein Geschenk des Lebens an der Grenze."

An Ruth sehe ich, dass eine wichtige Frage, die mich oft beschäftigt – ob das, was ich zu Stande gebracht habe, weitergegeben werden kann oder an meine Person gebunden bleibt –, positiv zu beantworten ist. Wolfgang Feneberg hat mich geprägt und mir vieles beigebracht, ich wiederum habe es an Ruth Zenkert weitergegeben. Bei allem Lernen heißt das, dass keine Abziehbildchen entstehen, sondern dass jeder es auf seine Weise neu macht.

## *Mein Lebensbuch*

Die Bibel ist das einzige Buch, das mich seit Jahrzehnten beschäftigt; alle anderen Bücher sind für mich Interpretationen, Auseinandersetzungen damit, eine Antwort darauf. Die Bibel stiftet Freundschaften, Beziehungen, sie ist für mich eine Quelle der Freude und lässt mich nicht zur Ruhe kommen. Es gibt keinen Sozialfall, der den Horizont der Bibel überfordert. Als geistiges Rüstzeug für meine tägliche Arbeit lese ich keine Bücher über soziale Tricks und Regeln, sondern die Bibel, die an der Wurzel all dieser Bücher steht. In ihr gibt es tausend widersprüchliche Geschichten, die das Feld ein wenig aufreißen, in das man die Pflanzen sät. Ein neues Projekt, das ich gemeinsam mit Wolfgang Feneberg begonnen habe – die „Bibel für Führungskräfte", kurz „BiMail" –, will diese Botschaft weitertragen und die Bibel auch jenen Menschen näher bringen, die wenig Zugang zu ihr haben. Einmal wöchentlich versenden wir an unsere „Abonnenten" per E-Mail Bibeltexte mit einer kurzen Auslegung, die den Bezug zum Heute einschließt. Damit wollen wir Inspiration im Alltag und Anstöße zum Weiterdenken vermitteln.

Die Bibel ist ein Buch der Toleranz und zugleich des radikalen Selbstbewusstseins. Toleranz bedeutet hier nicht halbe-halbe, sondern „ganz ich selbst", eine Selbstgewissheit, die es mir ermöglicht, auf den anderen zuzugehen, mich mit ihm auseinander zu setzen. Doch wie kann man seinen Glauben bewahren, tolerant sein und trotzdem bei sich bleiben? Das ist nicht möglich, wenn man Angst vor dem Anderen hat. Je mehr man sich hinauswagt, desto mehr kommt man zu sich. Die Bibel besteht nur aus Fremdenliebe; die Texte über Fremde sind unüberbietbar. Die Auseinandersetzung mit dem Anderen ist wichtig, um sich selbst zu verstehen. Das betrifft vor allem die Beziehung zum Judentum. Ich bin kein Judaist, aber ich will das Alte Testament verstehen, weil ich sonst Jesus nicht verstehen kann. Ich will meinen Religionsgründer, meinen Messias, der mir den Lebensweg schenkt, studieren, weil ich ihm sonst nicht nachfolgen kann. Dazu aber muss ich seine Welt kennen, den Gott, zu dem er mich führen will und zu dem er über einen anderen Weg gefunden hat.

Jesus war ganz Jude und hat innerhalb des Judentums Schüler für eine spezielle Aufgabe ausgebildet, nämlich dafür, unter den „Heiden", also den Nichtisraeliten, eine Gemeinschaft zu gründen, die der ganzen Welt sagt, dass Gott sie geschaffen hat und sie liebt. Es stehen also zwei Erwählungen nebeneinander, die eine Aufgabe teilen. Die Frage ist nun, ob die neue Erwählung als Konkurrenz verstanden wird – als Substitution, bei welcher der Neue Bund den Alten Bund ersetzt – oder ob man, wie Wolfgang Feneberg und ich, die (durch zahlreiche Belegstellen gestützte) Theorie vertritt, dass Gott durch den Messias aus dem Judentum eine zweite Erwählung gegründet hat, die wie die erste und in geschwisterlichem Verhältnis die Aufgabe hat, der ganzen Welt von der Liebe Gottes zu künden. Das Judentum hatte dafür eine andere Strategie, es ist zentripetal, nach innen wirkend, während das Christentum zentrifugal, nach außen wirkte. Das Judentum versteht sich als Kloster, das durch seine bloße Existenz in der Welt ausstrahlt, während das Christentum wiederum versucht, die Gemeinde Jesu Christi möglichst weit auszudehnen.

Gott hat zwei Lichter angezündet, um der Welt in der Ethik, in der Gerechtigkeit und im Frieden einen Weg zu zeigen. Es war nie das biblische Konzept, dass alle dazugehören; es gibt eben zwei „Firmen". Wenn man diese Zweiwegelehre vertritt, wie ich sie sehe, dann ist es verständlich, dass es noch weitere Wege gibt, etwa den Islam. In der Bibel steht ja: Der Geist weht, wo er will. Wir haben ihn nicht gepachtet. Wenn man aber annimmt, dass das Christentum an die Stelle des Judentums getreten sei, dann muss man alles Frühere abwerten und sich abgrenzen.

Wenn Jesus sagt: „Niemand kommt zum Vater außer durch mich", dann meinen wir – und es gibt genügend exegetische Argumente dafür –, dass Jesus das zu denen sagt, die nicht schon beim Vater sind, also zu den so genannten Heiden. Selbstverständlich redet er nicht über die, die schon beim Vater sind, die bereits eine Orientierung haben. Wenn ich jemandem ein Angebot mache und sage, er solle unbedingt meinen Weg der Sozialarbeit gehen, dann betrifft das nicht jemanden, der bereits in der Sozialarbeit beschäftigt ist und seine eigene Richtung gefunden hat.

Wenn innerhalb einer Gemeinschaft etwas Neues gegründet wird, dann muss sich die erste Gemeinschaft bedroht fühlen. Wird in einer Familie ein Kind geboren, fragen sich die älteren Kinder, ob sie jetzt verdrängt werden, und es ist ein mühsamer Prozess, bis sie entdecken, dass sie miteinander eine schöne Familie bilden und der Welt viel zu geben haben. David Flusser, Professor für Religionswissenschaft an der Hebräischen Universität in Jerusalem, meinte einmal, nach zweitausend Jahren sei es an der Zeit, die Pubertät zu beenden, in der die Tochter (damit ist das Christentum gemeint) glaubt, die Mutter (das Judentum) umbringen zu müssen. Erwachsensein heißt, sich darüber zu freuen, dass es die Mutter gibt, und als Tochter selbstständig zu leben. So sollte es auch beim Verhältnis Judentum – Christentum sein. Das Konzil hat sich in die richtige Richtung bewegt, doch bis sich das durchsetzt, wird es noch lange dauern. Der letzte Papst war hier bereits weiter als viele Theologen. Jahrhundertealte Vorurteile lassen sich nicht so schnell abbauen und wir haben noch einen weiten Weg vor uns.

Das geht bis in Details der Bibelübersetzungen. So heißt es zum Beispiel in der Einheitsübersetzung bei Mt. 3,11, Johannes taufe „nur" mit dem Wasser, Jesus jedoch mit dem Geist. Das Wörtchen „nur" – das eine Abwertung einschließt – findet sich jedoch nicht im griechischen Urtext. In Wirklichkeit geht es um zwei verschiedene Dinge, die nebeneinander stehen. An einer anderen Stelle sagt Jesus: Wer bin ich für euch, und die Antworten lauten: Elias, oder ein Prophet, oder der Messias. Das sind unterschiedliche Rollen, die sich nicht mit dem Wort „nur" kombinieren lassen.

Der Name Jesus (er bedeutet „Gott rettet"), hebräisch Joschua, wird im Alten Testament mit Josua übersetzt, im Neuen mit Jesus. Jeder denkt, es seien verschiedene Namen, was bedeuten würde, dass das Alte vergangen und das Neue an seine Stelle gesetzt ist. Solche Details bedeuten Abwertung und nicht geschwisterliche Auseinandersetzung im Dienst an der ganzen Welt.

Die meisten Theologen würden es wohl gerne sehen, wenn die Juden sich taufen ließen. Aber kann ich einem Verheirateten raten, noch einmal zu heiraten? Es wäre so, als würde ich behaupten, die erste Ehe, der Bund sei nicht gültig. Es ist also die Frage, ob der Alte Bund, in den man durch Erbe, durch Beschneidung eintritt wie in den Neuen Bund durch die Taufe, nach wie vor gültig ist.

Solche Fragen und viele andere zu diskutieren, ist die Aufgabe der Bibelschule, die Wolfgang Feneberg und ich 1984 begründet haben. Jeden Montag treffen sich in unserer Concordia-Zentrale in Wien bis zu vierzig Leute aus den unterschiedlichsten Lebensbereichen. Die Bibelschule stammt aus dem Judentum. Das Lernen aus der Bibel wird so praktiziert, dass die Schüler dem Lehrer nachgehen, nachfolgen, ihn beobachten, mit ihm das Leben teilen. Vor allem lesen sie Tag und Nacht dieses Buch, verinnerlichen, studieren es. Sprache und Buch stehen im Mittelpunkt. Es ist eine alte jüdische Tradition, die ich auch bei Bruno Kreisky wiederfand. Kurz vor seinem Tod führte ich mit ihm, der sich als bekennender Agnostiker bezeichnete, ein längeres Gespräch. Dabei gebrauchte er viele Beispiele aus der Bibel und ich sah, dass in seinem Exemplar unzählige Lesezeichen eingelegt waren. Ich kenne auch sonst viele Juden, die weder an Gott noch an sonstige religiöse Dinge glauben, doch die Bibel ist für sie wichtig. Sie ist *das* Buch, aus dem alles andere hervorgeht.

Mit dem Islam habe ich mich nicht näher beschäftigt, doch komme ich durch meine Besuche in islamischen Ländern, zum Beispiel in der Türkei oder bei meinen beduinischen Freunden am Sinai, damit in Berührung. Ich hatte viele tiefe Begegnungen mit Moslems und staune über ihre Gastfreundschaft und die Art, wie sie für Gott leben. Das Problem in unserer Wahrnehmung ist oft, dass viele Moslems das, was sie leben und sind, nicht differenziert genug vertreten und dass die einfachen Regeln, die dabei herauskommen, in der Wahrnehmung der Christen noch weiter verzerrt und ins Primitive entstellt werden. Ich habe viele positive Erfahrungen gemacht, obwohl mir bewusst ist, dass es Moslems wie Christen an Gesprächspartnern der jeweils anderen Seite fehlt. Hier hat unser Orden eine wichtige Aufgabe zu erfüllen: Den Jesuiten ist es vom Papst aufgetragen, Leute für den Dialog mit dem Islam auszubilden. So lehren zum Beispiel in Ankara junge Mitbrüder, die Arabisch und Türkisch studiert haben, an der islamischen Fakultät über das Christentum. Es gibt keinen besseren Weg, als sich gegenseitig kennen zu lernen und geschwisterlich anzunehmen.

Bei Paulus lesen wir den wunderbaren Satz: „Es gibt nicht mehr

Juden und Griechen, nicht Sklaven und Freie, nicht Mann und Frau, denn ihr alle seid einer in Christus Jesus." (Gal. 3,28.) Das heißt nicht, dass einer den anderen ersetzen soll; jeder bleibt das, was er ist, und trotzdem kommt eine Einheit zu Stande.

So rechnet die Bibel mit dem Wirken des Heiligen Geistes, und dieses ist durch nichts eingeschränkt. Es gibt keine Überbietung zum Judentum oder zum Islam; sie stehen nebeneinander als letztgültige Höchstleistungen des Menschen.

Das Schönste aber ist es, mit meinen Straßenkindern die Bibel zu lesen. Mit ihnen lese ich jeweils das, was die Kirche uns jeden Tag bietet; sie müssen sich einen Tag lang vorbereiten, was für sie – sofern sie überhaupt lesen können – eine Riesenleistung ist. Dann setzen wir uns damit auseinander. Wenn ein Straßenkind oder ein Jugendlicher aus der Bibel vorliest, höre ich ganz anderes heraus, als wenn ein Kleriker sie vorliest. Auch hier, wie so oft, lerne ich von meinen Kindern.

## *Was ich von Paulus gelernt habe*

Nach meinem Gefühl ist Kirche heute nicht einfach etwas, das existiert und in das man nur einzutreten braucht; ich erlebe Kirche meist als etwas Aufzubauendes. Viele Menschen hatten nicht das, was ich auf meinem Lebensweg hatte: eine Gemeinschaft, in der ich Hoffnung, Glaube und Liebe lernen konnte. Vom heiligen Paulus können wir erfahren, wie man in einer Welt, die diese Kirche fast nicht mehr kennt, wieder Gemeinschaften stiften kann, durch die die Jugend und alle anderen Menschen, die bedürftig sind, wieder eine Heimat bekommen und sich des Lebens freuen können. Wenn dem Apostel das gelungen ist, könnte es vielleicht auch uns gelingen. Nicht wie im Römischen Reich zur Zeit des Apostels Paulus, dafür im scheinbar so gefestigten Europa der modernen Konsum- und Wohlstandsgesellschaft.

Drei Punkte habe ich mir bei Paulus für meine Arbeit in der

Jugendseelsorge im Wiener Bezirksteil Lainz, im Jugendhaus der Caritas in der Blindengasse und bei den Straßenkindern in Bukarest abgeschaut. Es sind die drei Punkte, die er überall in seine Briefe einwebt: Glaube, Hoffnung, Liebe. Diese Haltungen lehrte ihn das Alte Testament, seine eigene Bibel, doch in dieser knappen Weise hat er sie zusammengefasst. Sie sind auch heute die Mitte dessen, was Paulus uns lehren kann, um Gemeinden aufzubauen. Er drückt das in dem Brief an die Thessalonicher so aus: Wenn du etwas aufbauen willst, dann musst du gerüstet sein mit dem Panzer des Glaubens und der Liebe und mit dem Helm der Hoffnung auf die Zukunft. (Vgl. 1 Thess. 5,8.)

Nach diesen Kategorien des Paulus könnten auch wir die Menschen ansehen und dabei so viele Begabungen entdecken, dass es eine Lust wird, mit dieser Vielfalt eine Gemeinde aufzubauen. Paulus gebraucht einen schönen Vergleich: Natürlich kann nicht das Auge zur Hand sagen, ich brauche dich nicht, der Fuß zum Kopf, ich bin nicht auf dich angewiesen. Wenn aber alle diese Glieder, diese Charismen zusammenspielen und einander anerkennen, dann entsteht ein Leib, der die Welt verändern kann. (Vgl. 1 Kor. 12,15–19.)

Das Erste und Wichtigste ist die Liebe: Es gilt die Welt mit den Augen der Liebe zu sehen, um eine Gemeinde aufbauen zu können. Das heißt aufmerksam zu sein für die Begabungen, die Gott uns gegeben hat, sich anrühren zu lassen von den Menschen, die warten, in Not oder bedürftig sind. Das heißt, den anderen so sehen zu lernen, wie Gott ihn geschaffen hat und wie der Mensch geworden ist, nicht den Menschen zu etwas zu machen, was er gar nicht ist. Ich habe das einmal mit einer wunderbaren Mitarbeiterin erlebt, einer Sonderbegabung im Umgang mit Obdachlosen. Monate-, jahrelang wollte ich aus dieser jungen Frau eine Organisatorin machen – und bin daran gescheitert. Ich empfand sie als unorganisiert und chaotisch. Beinahe hätte das unsere Freundschaft zerstört. Was war mein Fehler? Ich hatte nicht wie Paulus auf das geschaut, was Gott ihr gegeben hatte, um es in die Mitte zu stellen, ich wollte aus ihr etwas anderes machen. Und das macht den Menschen und die Beziehung kaputt. Erst später versuchte ich, ihre Begabungen zu sehen, und entdeckte, wie kreativ, gefühlvoll und beziehungsstark sie war. Und ich bekam einen Blick für ihr Charisma, das nicht die Organisation ist, sondern das Gespür für Menschen. Noch einmal mit Paulus gesagt: Sieh alle Menschen mit den Augen der Liebe an, mach nichts aus ihnen, sondern sieh hin, was Gott schon aus ihnen gemacht hat. Die Gefahr besteht darin, dass wir blind sind oder Scheuklappen haben und von anderen etwas verlangen, das wir selbst gerade benötigen. Auch zwischen Eltern und Kindern vergiftet eine solche Haltung oft das Verhältnis.

**Sieh alle Menschen mit den Augen der Liebe an, mach nichts aus ihnen, sondern sieh hin, was Gott schon aus ihnen gemacht hat.**

Das Zweite ist der Glaube. Das heißt für Paulus, etwas Kleines beginnen und glauben, dass etwas daraus wird. Zumindest er selbst hat das so gemacht. Er ging in berühmte Städte wie Ephesus, Rom, Korinth, Antiochia, Städte mit hunderttausenden Einwohnern – aber wie groß waren dort seine Gemeinden? Hundert, zweihundert Leute, anfangs überhaupt nur einzelne Menschen. Das war sein Geheimnis beim Aufbau seiner Gemeinden: Er hat einen kleinen Kreis gesucht und sich diesen wenigen ganz geschenkt.

Paulus ist nie allein. Wer seine Briefe liest, kennt auch Timotheus, Titus, Silvanus, Barnabas. Der Apostel hat immer jemanden bei sich, einen Freund, Mitarbeiter oder Schüler. Freundschaft war für ihn kein Schlagwort, sondern wirkliches Leben und Teilen. Er war ein Meister darin, Menschen zu sagen: Dich brauche ich und ich glaube daran, dass du es kannst! Er hat Einzelne aufgebaut, befähigt, groß gemacht und ihnen nicht gesagt: Ich weiß schon, du schaffst es nicht. Mit solchen kleinen Gruppen brachte er das Christentum unter die Heiden.

Paulus sagt nicht: Ihr sollt die ganze Welt umarmen. Wer das versucht, scheitert. Aber er sagt: Wenn ihr Einzelne aufbaut und an Einzelne glaubt, entsteht ein Licht, das die ganze Welt erleuchtet. Für uns übersetzt heißt das nicht, dass wir alle wieder in die Kirche zurückbringen müssen. Doch wenn wir einander stärken im Glauben, aneinander glauben, einander wachsen lassen, dann geht ein Licht auf für die ganze Gesellschaft.

Das muss ich mir immer wieder sagen, um mich vom Stress zu befreien. Wer kann alles tun und allen nachlaufen? Aber wenn man sich fragt: Wer ist für mich Timotheus, Titus oder Barnabas?, und solche Menschen findet, dann ist der zweite Schritt zur Gemeindegründung getan. Diese Beschränkung auf Einzelne, auf kleine Gruppen, auf ein paar Mitarbeiter, wirkt wie beim Hebelgesetz; damit kann man die Welt aus den Angeln heben.

In der Apostelgeschichte 16 ist wunderschön beschrieben, wie die erste Gemeinde in Europa gegründet wurde. Paulus lernt eine Frau namens Lydia, eine Purpurhändlerin, kennen und sie hört ihm zu. Eine zweite Frau befreit er von einem Wahrsagegeist; er bekommt große Schwierigkeiten deswegen, weil ihre Gabe für den Besitzer dieser Frau, einer Sklavin, ein gutes Geschäft war. Auch diese Frau hat zur Gründung der Kirche in Europa beigetragen. Und schließlich gibt es noch den Gefängnisaufseher, der sich das Leben nehmen will, weil er Angst hat, seine Gefangenen, Paulus und Silas, seien bei einem Erdbeben davongelaufen. Er nimmt Paulus und Silas in seine Wohnung auf und alle in seinem Haus lassen sich taufen. Das sind die drei Personen, auf die sich Paulus in Philippi konzentriert; von Haus zu Haus ist er nicht gezogen.

Der zweite Punkt heißt also, mit dem Panzer des Glaubens kleine Projekte zu beginnen, Einzelbeziehungen aufzunehmen, kleine Gemeinschaften zu stiften, für sie zu leben und darauf zu vertrauen, dass sie dann zum Licht der Welt werden.

Auch meinen Einsatz in Bukarest sah ich so. Anfangs wären wir beinahe verzweifelt, wenn wir sahen, dass es noch tausende Kinder auf der Straße gab und wir vielen von ihnen sagen mussten: Ich kann dich nicht mitnehmen, wir haben keinen Platz. Das lässt sich nur im Wissen ertragen, dass wir einzelne Lichter anzündeten, dass wir einigen Kindern eine Heimat geben konnten.

In der Kirche in Österreich leide ich am meisten darunter, wenn der Mut zum Risiko fehlt und alles in Institutionen geordnet ist. Von Paulus können wir hier den Mut für Neues lernen. Natürlich brauchen wir Institutionen, aber wir brauchen auch einen Paulus, der Grenzen überschreitet. Aufgrund seiner Lebensgeschichte ist er gewiss ein Außenseiter – er selbst nennt sich eine „Missgeburt" (1 Kor. 15,8.) – im Vergleich zu den anderen Aposteln, die im Judentum beheimatet sind. Aber die Apostel haben einander angenommen und sich nicht gegenseitig exkommuniziert und aus dieser Spannung ist die Kirche gewachsen. Für heute heißt das: Habt den Mut für Neues. Das wäre besonders die Aufgabe der Orden – und auch der heilige Ignatius hat seinen Orden so gesehen –, aber oft bleiben sie, und nicht nur die Jesuiten, hinter dieser ihrer wunderbaren Berufung zurück.

**Habt den Mut für Neues.**

Paulus hat Jesus hinausgetragen in die Welt des Römischen Reiches, in die heidnische Welt, zu uns, zu den Nicht-Juden. Das war so radikal neu, dass wie bei allem Neuen, Missionarischen daraus Konflikte entstanden. Heute könnte man sagen: Wenn unser Werk und unsere Kirchen nicht von Konflikten begleitet sind, dann ist etwas daran faul. Doch wenn unsere Arbeit begleitet ist von Leiden und Schwierigkeiten, ist es ein Zeichen des Wachstums. Das soll uns trösten.

Das Dritte ist die Hoffnung. Wie hat Paulus im Konflikt oder auf den Konflikt reagiert? Auch hier hört er nicht auf, eine Regel zu geben. Im Konflikt sind die Schwachen der Maßstab, nicht die Starken. Paulus stellt damit die normale Welt des Menschen auf den Kopf. Er hat die Schwachen zu den Starken gemacht, auch für sein eigenes Leben, auch wenn er an einem Höhepunkt schreibt: „Wo ich schwach bin, bin ich stark." (2 Kor. 12,10.)

Was heißt das bei ihm konkret? Er hat die Gottesfürchtigen, die nicht zum Judentum gehörten, so aufgewertet, ihnen so viel Glauben geschenkt, dass sie, die vorher schwach und Außenseiter waren, zu Starken wurden. In seinen Briefen redet er von den Juden, seinem Volk, als von den Schwachen und doch zugleich von den Starken. Den Gottesfürchtigen, den Heiden, die jetzt zu Jesus gehören, aber sagt er: Achtet auf die Schwachen! Ihr könnt essen, was ihr wollt, ihr braucht euch nicht an die Speisegesetze zu halten; doch wenn es einem Schwachen Ärgernis gibt, dürft ihr die Speise nicht essen. Auch für diese Schwachen gilt natürlich: Paulus weiß, dass sie stark sind. (Vgl. 1 Kor. 10,14–33.)

Hier liegt das Geheimnis auch für unsere Gemeinden heute. Eine Gemeinde wächst, wenn sie lernt, in den Schwachen die Starken zu sehen. Das ist das Christusgeheimnis, eine andere Übersetzung von Tod und Auferstehung Jesu. Eine Gemeinde heute, die Sozialarbeit zu ihrer Sache macht – ob sie nun Flüchtlinge aufnimmt, ältere Menschen betreut oder Schülern nachläuft, die den Sinn im Leben nicht finden –, wird lebendig sein und wachsen.

**Eine Gemeinde wächst, wenn sie lernt, in den Schwachen die Starken zu sehen.**

Als ich Kaplan in Lainz war, ist es gelungen, binnen weniger Jahre ein paar Hundert Jugendliche in die Kirche zu bringen, wo vorher nur wenige waren. Wie kam das zu Stande? Ein Zufall kam uns zu Hilfe. Ich hatte bei meinen Besuchen im Altersheim Lainz hunderte alte Leute gesehen, von denen viele kaum je einen Besuch erwarteten. Da ich nicht zu allen gehen konnte, sagte ich in meiner Überforderung zu einer Hand voll Jugendlicher: „Kommt, helft mir dabei!“ Und das taten sie, scharenweise. Das Ergebnis war: Wir mussten uns in Gruppen treffen, wir hatten etwas zu beten, weil alle betroffen waren von dem Erlebten. Diese Sozialarbeit hatte uns eine große Jugendgemeinschaft geschenkt. Das Experiment fand Nachahmer, die Chance für unsere Kirche wurde erkannt.

Zwei Fragen müssen wir uns stellen. Die eine heißt: Wo sind

die Schwachen, die wir brauchen? Sonst geht jeder christlichen Gemeinde die Luft aus. Die zweite lautet: Wo bin ich selbst schwach? Dort kann der Herr eingreifen, dort bin ich bereit für ihn. Er tut ja das Werk, er baut eine Gemeinde auf, nicht wir. Und Paulus ist dabei unser Lehrer. Der Herr kommt mir zu Hilfe, wenn ich ihm vertraue, alles auf ihn setze. Und das ist wunderbar tröstlich.

## *Adrian, mein „Prinz"*

In einem roten Mantel mit Schalkragen stieg Adrian aus dem Kanal. Die kleine Erscheinung nannte sich selbst „Prinzu", der „Prinz".

„Weil ich der Kleinste und am längsten am Bahnhof bin", erzählte er. „Ich werde bald vierzehn. Woher ich komme, weiß ich nicht. Ich habe es vergessen. Meine Eltern sind bei einem Autounfall gestorben. Nur ich habe überlebt. Ich war einen Monat lang im Koma. Sie haben mir dann gesagt: Deine Eltern sind tot. Ich habe Angst gehabt. Sie haben mir Spritzen gegeben, ich bin von dort weggelaufen. Ich war den ganzen Tag im Zug. Die Polizei hat mich in ein Kinderheim gebracht. Von einer Erzieherin habe ich das Vaterunser gelernt. Wieder weggelaufen bin ich, weil wir tagelang Kartoffelkäfer sammeln mussten. Wer nicht brav war, hat ‚Reis mit Milch' bekommen: Dabei hat man uns ins Bad gesperrt, nackt ausgezogen und mit dem Gürtel geschlagen. Ich habe ziemlich oft ‚Reis mit Milch' bekommen. Elfmal bin ich aus dem Heim weggelaufen, das letzte Mal mit Gigi, meinem besten Freund. Es war an meinem Geburtstag. Wir haben uns im Mais versteckt, dann waren wir fast schon am Bahnhof. Der Zug wäre um neun am Abend gegangen. Ich habe dem Gigi noch gesagt, pass auf, die fahren uns nach und suchen uns. Da waren sie plötzlich da, haben uns eingefangen und geschlagen und zurückgebracht. Am nächsten Morgen bin ich durchs Klofenster abgehauen. Dann haben sie mich nicht mehr gesucht, sie hatten genug von mir.

Träume habe ich nicht, ich will nichts. Nur am Bahnhof bleiben, ich habe mich daran gewöhnt. Das Leben hier ist nicht traurig, es ist einmal so, einmal so. Die Polizei kennt mich, ich bin einer von den Ersten hier. Einmal hat mich ein Polizist heimgenommen und mir zu essen gegeben. Am Abend um elf Uhr helfe ich am Kebab-Stand. Ich räume den Müll weg und bekomme dafür Pommes frites mit Mayonnaise, manchmal auch Geld. Mein bester Freund ist Mutu, ich habe ihn zu mir in den Kanal genommen. Er ist ein bisschen krank. In meinem Kanal sind wir nur vier. Wir sind brav, wir stehlen nicht. In den großen Kanal hat die Polizei gestern Benzin geschüttet und alles angezündet. Da haben zwanzig Kinder geschlafen.

Was ich brauche: ein Album, in das ich die Fotos von euch hineinkleben kann. Ich will eine Erinnerung an euch haben und an den ‚Bär'. Das ist mein Hund. Er ist mein Bruder. Wenn die Rocker kommen und mich schlagen wollen, geht er auf sie los und beißt sie.

Das Schönste war Weihnachten. Wie wir mit euch gesungen, gebetet und gegessen haben. Und jeder hat ein eigenes Paket bekommen.

Was ihr noch machen könnt? Viele Kinder in ein Haus bringen. Die Großen brauchen einen Arbeitsplatz, damit sie nicht mehr stehlen, und dann ein Zuhause, eine Frau, drei oder vier Kinder."

Am Abend sah ich ihm noch lange nach, bis sich das Rot seines Mantels in der Dunkelheit verlor. Dann ging ich nach Hause. Es war wieder ein Tag voller Freundschaft und neuen Herausforderungen gewesen. Auf dem Weg wanderten meine Gedanken weiter in den Westen. Ich wollte vom „Prinzen" berichten, von seiner Würde und Freiheit, wie er aus dem Kanal aufstieg, wie er Vertrauen schenkte und hastig redete, weil alles in seinem Leben so spannend war. Wie er vom guten Polizisten erzählte, der ihn mit nach Hause genommen und ihm zu essen gegeben hatte, und wie er an die anderen Straßenkinder dachte. Für sich selbst wollte er nichts, nur die guten Erinnerungen behalten. Sein roter Mantel ließ mich an das Osterfest denken, wenn wir nach dem Kreuzweg wieder die Auferstehung feiern. Er war für mich ein Symbol der Königswürde, ein Zeichen dafür, dass Gottes Liebe stärker ist und sogar den Tod überwindet. Uns gab der rote Mantel die Kraft, auf der Straße zu arbeiten, bei den Kindern zu bleiben und für sie neue Häuser zu bauen.

Doch Adrians roter Mantel war bald vom Winter und vom Leben auf der Straße arg mitgenommen. Und als es wärmer wurde, legte der „Prinz" ihn ab. Es war Anfang Mai 2000; der Wiener Kardinal Christoph Schönborn war zu Besuch in Bukarest. Über hundert Straßenkinder und Jugendliche empfingen ihn um Mitternacht auf einem Müllplatz nahe dem Bahnhof. Ein paar Kerzen und Taschenlampen erleuchteten die Szenerie, warfen ihren Schein auf die dunklen Gesichter. So führte der „Prinz" den Kardinal in sein Reich ein. Nach orthodoxer Manier küssten alle die Hand des „großen Paters", den sie erwartet hatten. Dann begannen sie zu singen.

Auf dem Heimweg begleitete uns eine große Horde, bis ein Kind nach dem anderen in Kanallöchern und dunklen Hauseingängen verschwunden war. Es brauchte keine Worte mehr, als wir unseren hohen Besuch ins Gästehaus des orthodoxen Patriarchen zurückbrachten.

Am nächsten Morgen stand der „Prinz" mit drei Kameraden an der Haustür. Sie warteten auf ihren neuen Freund, der nach dieser Nacht in unserer kleinen Hauskapelle die Messe feiern wollte. Gleich zu Beginn fielen die vier Buben in tiefen Schlaf. Man konnte sie hören, vielmehr aber noch riechen. Es war der beißende Gestank der Kanallöcher. Mit einem Lächeln verständigte sich unsere kleine CONCORDIA-Gemeinschaft mit dem Kardinal: So riecht eben heute Morgen der Weihrauch zur Ehre Gottes.

Richtig wach wurden die Kinder erst beim Frühstück. Sie waren hungrig. Dann die Überraschung: Der „Prinz" erklärte sich bereit, mit seinen Freunden in eine Wohngemeinschaft zu ziehen!

Jahrelang hatte ich auf seine Einwilligung warten müssen, während alle anderen Kinder uns nachliefen und um einen Platz im Haus bettelten. Es schien, als hätte der „Prinz" mit dem Kardinal endlich einen ihm angemessenen Gesprächspartner gefunden.

Entlaust und gewaschen war er ein schüchternes und zartes Bürschchen, nicht der freche Straßenjunge. Er lernte nicht nur seinen Namen schreiben – voller Stolz war er über jeden neuen Buchstaben –, er schaffte es sogar bis zum Einschulungsprogramm. Die erste Schultasche verkaufte er, ein Fahrrad ging verloren … Viele Klippen waren zu überwinden. Schließlich durften wir ihn den Straßenkindern, die ihn ein bisschen bewunderten, als Vorbild vor Augen stellen.

Doch dann stürzte er ab und ging uns aus dem Weg. Entgegenkommen und zugleich Zurückhaltung waren verlangt, bis er wieder den Blick erheben und mir in die Augen schauen konnte, bis er zurückkam in seine Wohngemeinschaft, die einzige, die ihn noch aufnehmen wollte.

Für die Kinder ist die Rückkehr von der Straße in ein Haus schwierig. Sie brauchen Tag und Nacht Betreuung und sehr viel Verständnis. Schon kleine Konflikte können die neu gewonnene Geborgenheit zerbrechen lassen.

Nicht jeden Abend kamen der „Prinz" und seine Kameraden in ihr Heim und wieder mussten wir sie bei ihren Brüdern und Schwestern in der unglücklichen Szene am Bahnhof suchen. Er weigerte sich, mitzukommen: „Ich bin nicht mehr euer ‚Prinz', ich bin Adrian." Seine zornigen Augen glänzten fiebrig vom Lackschnüffeln. Doch unsere Streetworker ließen das Band der Liebe nicht los.

Nach Wochen kehrte Adrian zurück. Jetzt war er tiefer in der Hausgemeinschaft verwurzelt als zuvor. Eines Tages eröffnete er uns dann, den Unfalltod seiner Eltern habe er erfunden, um mit dieser Geschichte Eindruck auf uns zu machen. In Wirklichkeit hatte sein Vater „nur" getrunken, ihn geschlagen und zum Betteln gezwungen. Da war er weggelaufen.

Nach Weihnachten – vielleicht war das Fest für ihn zu groß? – blieb der „Prinz“ wieder verschwunden. Doch er ging nicht zum Bahnhof zurück, den er als sein Reich betrachtete, er wollte sich verstecken. In der Winterkantine hatte sich schnell herumgesprochen, wo er jetzt bettelte. Er habe sich Drogen gespritzt, hieß es. Ich wusste nicht, ob das stimmte.

Einmal fand ich ihn in einem Hinterhof. Auf zerfetzten Matratzen lagen Schwangere, selbst noch Kinder. Stefania hatte kaum noch Zähne, Ramona war vom Aurolac betäubt, das Bein von Iliescu begann zu faulen. Maria war mit zwei kleinen Kindern da, die sie nicht hergeben wollte. Die Nachbarn schimpften aus den Fenstern, die Polizei kontrollierte, konnte aber nichts ausrichten. Wir hatten Milch, Brot, Wurst und Äpfel mitgebracht. Gierige schwarze Hände streckten sich uns entgegen. Es brauchte alle unsere Kunst, damit Ruhe einkehrte und wir endlich essen konnten.

Der „Prinz“ lag mitten im Dreck, die Augen halb offen. Er aß nichts. Beim Weggehen fasste er meinen Fuß und hielt mich fest. Er wollte mir etwas sagen, doch ich verstand ihn kaum. „Sind Bobo und Cristina noch bei euch?“ Er fragte nach seinen Geschwistern. Sie waren bei uns und hatten vom Notquartier den Aufstieg in ein Zimmer geschafft. Adrians Stimme wurde stärker: „Ich habe sie zu euch geschickt.“ In seine Augen kam ein Leuchten. Bei allem Schmerz darüber, dass mein „Prinz“ in dieser Hölle war, war ich stolz auf ihn: Er hatte seine Geschwister gerettet.

Am schönsten war es, wenn mich Adrian zu seinen Freunden auf der Straße führte. Die elfjährige Roxana sei Prostituierte geworden, erzählte er, und mache viel Geld für ihren Patron. Neuerdings gebe es auch Heroin und Spritzen. Manchmal wollte mein Freund Hilfe für den einen oder anderen, nie für sich selbst. Doch es war nicht zu übersehen, dass er immer dünner wurde.

„Die ‚Gurke‘ ist verrückt geworden“, sagte er und zeigte auf einen jungen, sauber gekleideten Mann. Der Zwanzigjährige hatte jahrelang zu den Gefürchteten auf der Straße gehört. Er war Patron von Kleinen, die bettelten oder sich für ihn verkauften; Drogen und Trinken waren sein Leben. „Dann hat die ‚Gurke' Gläubige kennen gelernt [Adrian meinte Adventisten], die kein Kreuz machen, sondern nur Amen sagen." Nun nahm die „Gurke" keine Drogen mehr. Er hatte eine Gemeinschaft gefunden. Als Helfer kam er zurück zu den Kindern am Bahnhof. Er redete nur mehr von seinem Glauben an Gott, der ihn gerettet hatte, und teilte sein Geld. Die alten Freunde lachten über ihn und seine Predigten. Doch der „Prinz" war sich nicht so sicher. „Vielleicht hat Gott ihn gerettet, weil er ganz verloren war. Er würde es gewiss auch mit mir tun. Aber mir fehlt der Wille dazu. Ich habe mich einfach an das Leben am Bahnhof gewöhnt."

Es war spät und der „Prinz" war immer noch bei mir, still; etwas bedrückte ihn. Plötzlich fing er wieder zu reden an. „Ich bin allein." Eugen, sein bester Freund, lebte seit Wochen in einer unserer Wohngemeinschaften. „Früher hat Eugen mit mir große Sachen gemacht. Einmal sind wir in der Nacht, als keine Züge mehr gefahren sind, länger als zwei Stunden durch den Eisenbahntunnel gegangen. Wir haben Angst bekommen, da sind wir gelaufen. Die Luft war sehr schlecht, es gab fast kein Licht. Und was ist, wenn ein Zug kommt? Aber wir haben es geschafft. Wir sind aus dem Tunnel herausgekommen und auf den Bahnsteig hinaufgeklettert. Um vier Uhr früh, noch niemand war da. Es wurde hell. Es war Ostern."

Es waren Ostergeschichten, die mir der „Prinz" erzählte: von der „Gurke", vom Tunnel und von den Gewohnheiten, die wie Fesseln sind. Traurig sah ich ihn an. Seine Finger waren schmutzig und silbrig vom Drogenlack; Krankheit und die Abenteuer der Nacht hatten seine Augen gerötet. Sein weißes Gesicht machte mir Sorgen. Wie oft hatten wir ihn schon in eine Wohngemeinschaft aufgenommen, aber immer wieder war er weggelaufen. Und ich lief ihm nach.

Wieder war er monatelang verschollen und tauchte erst am

Ioise (unten) lebt nach wie vor auf der Straße, doch er bringt immer wieder Kinder ins ozialzentrum.

Pater Georg Sporschill und Adrian, der „Prinz“.

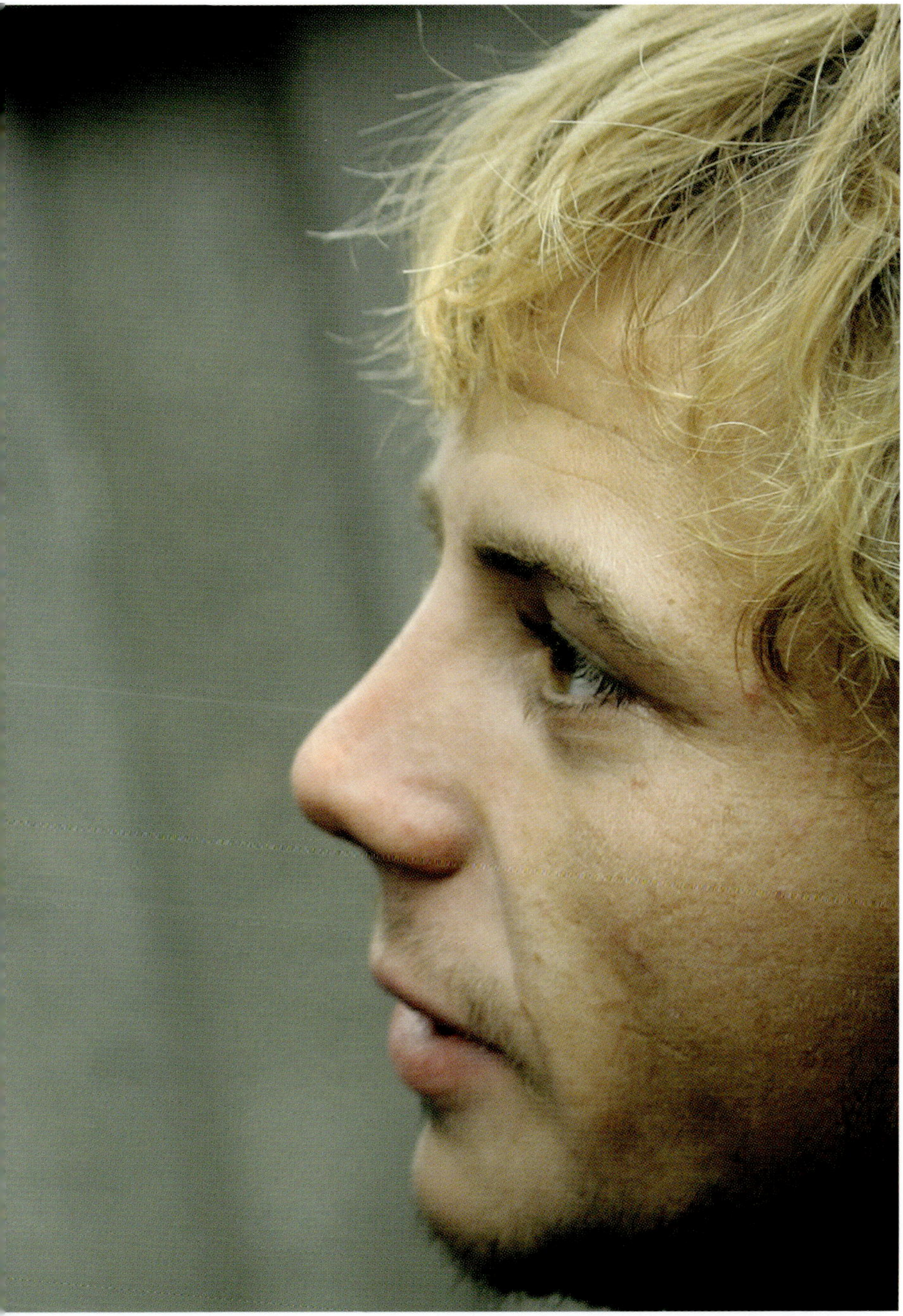

Oben: Sandale und ihr Freund Lucian.
Unten: In der Nähe des Nordbahnhofs; im Hintergrund der „Prinz“.

Zum ersten Mal hält das Straßenkind Farbstifte in der Hand (im Sozialzentrum Lazarus).

Oben und unten: Andacht in der Kapelle des Sozialzentrums Lazarus.

in Haus als Heim – CONCORDIA will es den Kindern geben.

Oben: Im „Servus"-Raum des Sozialzentrums Lazarus.
Unten: Ein Kind am Nordbahnhof bittet um Hilfe.

Heiligen Abend wieder auf, mit dem ersten Bartflaum und frischen Narben am Kopf. Ein junger Mann, der jetzt Adi gerufen werden wollte. Für Ruth hatte er gelbe Chrysanthemen mitgebracht, für seine Freunde einen großen Sack voller Überraschungen, alles aus dem Müll geklaubt. Der Weihnachtsmann persönlich. Er bedankte sich, dass wir seine Halbschwester Christina aufgenommen hatten. „Soll ich dir in dieser Nacht helfen?“, fragte er mich. Auf überraschende Weise gehen Gebete in der Sozialarbeit manchmal in Erfüllung.

Adrians Geschichte hat noch kein gutes Ende genommen. Hin und wieder schläft er bei uns im Sozialzentrum Lazarus, dann wieder sehe ich ihn nur noch auf der Straße. Den roten Mantel wird er nie mehr tragen. Doch etwas Besonderes bleibt er, obwohl er mich an meinem Werk zweifeln ließ. Kaum ein Kind ist mir näher und keines hat mich so traurig gemacht. Er selbst hat es nicht geschafft, aber er schickt andere ins Sozialzentrum. Er ist wie Judas: tragisch und doch ein Retter.

Was einmal aus Adrian werden wird, das steht „auf der Rückseite der Tage“, wie der Prophet Jesaja die Zukunft nennt. Wird Adrian bei uns bleiben? Werden wir ihn retten können? Werden unsere Kräfte für die immer größeren Aufgaben reichen?

Die Freundschaft ist stärker als der Tod. Kein Straßenkind ist so verloren, dass ich nicht sein Freund sein könnte. Vielleicht unter Tränen. Mit dem Gebet. Mit lauter Stimme. Und mit immer neuen Ideen, die den Stein vom Grab wegnehmen.

**Die Freundschaft ist stärker als der Tod. Kein Straßenkind ist so verloren, dass ich nicht sein Freund sein könnte.**

# Jugendarbeit und Glaube

## *Schule der Freundschaft*

Streetwork geschieht bei uns im Team. Mit einem Sozialarbeiter oder erfahrenen Mitarbeiter gehen täglich zur selben Zeit drei Volontäre an bestimmte Plätze, wo uns die Kinder erwarten. Immer ist ein Jugendlicher dabei, der selbst einmal ein Straßenkind war. Er ist die größte Stütze und die Brücke zum Milieu auf der Straße. Die Streetworker bringen eine Kleinigkeit zu essen mit und erfüllen nach Möglichkeit Bitten vom Vortag. Versprechen zu halten und Aufmerksamkeit zu beweisen sind wichtige Zeichen dafür, dass das Entgegenkommen echt ist. Dadurch entsteht Freundschaft. Die wachsende Beziehung ist wie der Aufbau eines inneren Hauses, in dem die Straßenkinder ein Zuhause finden.

Streetwork ist manchmal gefährlich und verlangt Fingerspitzengefühl. Doch alle, die zu den Kindern auf die Straße gehen, werden reich beschenkt. Sie erfahren, dass sie ein Leben retten können. Die Augen gehen ihnen auf dafür, wie reich sie selbst beschenkt sind – durch eine Familie, Ausbildung, Gesundheit, eine Wohnung. Streetwork ist für uns eine Schule der Freundschaft.

Was brauchen die Straßenkinder? Wenn ich in der Nacht am Bahnhof von Bukarest vorbeigehe, kommen sie aus allen Löchern angerannt und sagen: „Wir wollen essen." Das ist für uns schon zu einem Ritual geworden. Sie wissen, dass es in der Nähe ein Geschäft gibt, das in der Nacht noch offen hat. Dort gibt es Brot, Wurst und süße Milch. Dann setzen wir uns auf den Gehsteig, dreißig, vierzig junge Leute; manche können gar nicht gerade sitzen, weil sie von Drogen benebelt sind. Wir teilen das Essen aus.

Dann kommt die Überraschung: Die Straßenkinder beten. Nicht weil ich sie auffordere, sondern weil sie nicht essen wollen, ohne vorher zu beten. Noch mehr als das Essen und Trinken sind unseren Kindern die Gemeinschaft und persönliche Achtsamkeit wichtig. Ihr Gebet ist der Beweis dafür.

Es gibt am Bahnhof Jugendliche, die ich schon seit zehn Jahren kenne, die ich aber, obwohl ich hunderten, ja bereits weit über tausend einen Platz in einem Haus angeboten habe, nicht unterbringen konnte. Trotzdem freuen sie sich, wenn wir kommen, obwohl wir ihnen kein Bett bieten können. Was brauchen und schätzen sie? Die Freundschaft.

Nach der Frage „Wer braucht mich?" ist die Frage entscheidend: „Was brauchen sie von mir?" Jesus ist ein Meister der Antwort auf diese Frage. Er sieht, wie zwei Jünger des Johannes ihm nachgehen, und stellt die Frage: „Was wollt ihr?" Die jungen Männer antworten ihm: „Rabbi, wo wohnst du?" Jesus antwortet: „Kommt und seht." Mit dieser Einladung bietet er ihnen seine Gemeinschaft an. Sie dürfen Tag und Nacht bei ihm sein, sie dürfen von ihm lernen, sie essen mit ihm, helfen ihm, bekommen Aufgaben und Dienste, sie dürfen ihn alles fragen und von ihm im täglichen Zusammensein und Arbeiten lernen. Jesus ist für sie kein Schullehrer, der sie in bestimmten Fächern unterrichtet; er gibt ihnen eine Lebensgemeinschaft und beantwortet damit ihre tiefste Sehnsucht. Jesus führt uns zu einer Gemeinschaft zusammen. Diese Gemeinschaft lebt in der Pfarrgemeinde und in der Familie. Jesus öffnet sie aber auch den Straßenkindern, weil sie noch mehr als wir die Familie suchen.

Wer nicht aufhört zu fragen: „Wer braucht mich? Wo ist die Not am größten?", und dann weiterfragt: „Was brauchen jene, zu denen ich gesandt bin?", dem öffnet sich jene Quelle, aus der das fließt, was wir selbst brauchen. Es gibt nichts Schöneres, als gebraucht zu werden, eine Aufgabe zu haben. Dazu wollen wir aus der Geborgenheit leben, Freunde haben, Menschen, die uns vertrauen, die uns am Herzen liegen und denen wir selbst am Herzen liegen. Jesus sagt: „Wer Durst hat, komme zu mir, und es trinke, wer an mich glaubt. Wie die Schrift sagt: Aus seinem Innern werden Ströme lebendigen Wassers fließen." (Joh. 7,38.) Wie Jesus uns das lebendige Wasser schenkt, so dürfen auch wir Quelle für andere sein. So erfüllt sich die frohe Botschaft an denen, die soziale Verantwortung übernehmen, ob als Priester, Sozialarbeiter, Politiker oder in der Familie.

Bei uns „im Westen" ist es nicht immer leicht, den Jugendlichen die Kirche, das Gebet und Jesus nahe zu bringen. In Rumänien ist es umgekehrt: Dort sind es die Jugendlichen, die es mir nahe bringen. Es ist ein Geben und Nehmen, ein Austausch, bei dem nicht gesagt werden kann, wer mehr gibt: der, der ein Sozialprojekt auf die Beine stellt und das Geld dafür auftreibt, vielleicht auch ein gewisses Know-how vermittelt, oder die, die uns dafür Dankbarkeit, Gebete, Freundschaft schenken und uns erleben lassen, dass wir eine Berufung und Würde haben. Je länger ich mit meinen Hoffnungskindern lebe, desto mehr wird mir klar, dass man der Empfangende ist, wenn man helfen darf, weil dadurch das eigene Leben groß, schön, glücklich und sinnvoll wird.

**Es ist herrlich, so reich zu sein, dass man anderen etwas geben darf oder das Gefühl hat: Ich werde gebraucht, ich habe etwas zu geben!**

Erst hier habe ich den Satz aus der Apostelgeschichte auch psychologisch verstehen gelernt: Geben ist seliger denn Nehmen. Es ist herrlich, so reich zu sein, dass man anderen etwas geben darf oder das Gefühl hat: Ich werde gebraucht, ich habe etwas zu geben! Viel schwieriger ist es, derjenige zu sein, der angewiesen ist auf andere, der abhängig ist und annehmen muss.

Wir sind in der glücklichen Lage, dass es viele Menschen gibt, die uns und unsere Begabungen und unseren Reichtum brauchen. Dadurch ist in Europa eine neue Situation des Austauschs entstanden. Und dieser Austausch schenkt Kräfte, schenkt Freundschaft. Aufgrund dieser Erfahrungen fühle ich mich nach fünfzehn Jahren in Rumänien keineswegs ausgepumpt, sondern reich beschenkt. Das kann man auch auf das politische Leben übertragen – Stichwort Osterweiterung –, vor allem für unsere Jugend.

Viele junge Leute aus Österreich kommen zu uns, um ihren Zivildienst abzuleisten oder ein freiwilliges soziales Jahr in Rumänien zu machen. Es sind mehr, als ich nehmen kann, da sie ja auch betreut und begleitet sein wollen. Während ein Rumäne im Monat etwa hundert Euro verdient, benötigt ein Jugendlicher aus Österreich, auch wenn er nicht bezahlt wird, mindestens dreihundert Euro. Doch das, was ich mit den Jugendlichen aus Österreich erlebe, ist mindestens ebenso wichtig wie das, was mit den Kindern geschieht, die wir betreuen.

Da kommt zum Beispiel ein neunzehnjähriges Mädchen, das eben die Matura gemacht hat und von zu Hause weg will. Nun lebt es plötzlich in einer Gruppe mit zwölf Straßenkindern. Das erste Wunder geschieht schon auf der Zugfahrt nach Bukarest: Während achtzehn Stunden in einem überfüllten Zug passiert mehr als an einem Einkehrtag, den ich für Jugendliche halten würde. Achtzehn Stunden sind eine Wüstenreise mit einem Ziel: dem Ziel zu helfen. Noch dazu hat das Mädchen etwas Rumänisch lernen müssen, um sich zu öffnen für eine andere Kultur. Das öffnet auch das Herz.

Deshalb glaube ich, dass unsere Jugend Chancen braucht, helfen zu dürfen. Das aus der jüdisch-christlichen, also biblischen Tradition stammende Wort „Wer ein Leben rettet, rettet die ganze Welt" – es kommt auch im Film „Schindlers Liste" am Ende vor – elektrisiert Jugendliche. Im Grunde haben alle Menschen die Sehnsucht zu helfen, ein Leben zu retten, für andere da zu sein. Bei jungen Menschen ist diese Sehnsucht noch nicht verschüttet, wie es später durch das Leben geschieht.

Der Sozialstaat, den niemand missen möchte und der seine unschätzbaren Verdienste hat, bringt manchmal die Gefahr mit sich, dass die Menschen glauben, es gebe ohnehin für alles eine Institution. Und Jugendliche könnten denken: Eigentlich braucht ihr mich nicht, es ist ja alles durchorganisiert, für alles gibt es jemanden oder eine Einrichtung. Dieses Gefühl der Rundumversorgung kann gefährlich sein, nicht nur, weil Staat und Institutionen nicht alles erledigen können. Oft fehlt es auch an Zuwendung und Menschlichkeit, weil es zu wenig Personal gibt und weil die jungen Menschen diese Sehnsucht, helfen zu wollen, ein Leben zu retten, nicht stillen können. Dann verkümmert etwas in der Seele, ohne das ich mir schwer eine gesunde und starke Jugend vorstellen kann.

Für mich sind die Armen im Sozialstaat, in dem niemand am Verhungern ist, auch spirituell Arme. Diese geistliche Not aber geht Christentum und Kirche an, gerade weil der Sozialstaat sich um so vieles kümmert. Doch auch die kirchlichen Institutionen tendieren dazu, den Sozialstaat zu imitieren, anstatt ihre spezifische Rolle wahrzunehmen: die der Spiritualität. Das geschieht dort, wo ich den Menschen seine Würde erleben lasse: durch die Gemeinschaft, durch das Gebet, das Wort, das Fest. Die religiöse, spirituelle „Aufladung“ des öffentlichen Lebens ist Aufgabe der Kirche und ihrer Gemeinschaften. Und das wird heute oft vernachlässigt. Ohne Seele wird der beste Wille kontraproduktiv. Es ist nicht so leicht, mit den Alten, Kranken, Kindern oder Obdachlosen in Berührung zu kommen. Fast alle Notfälle sind theoretisch durch Einrichtungen des Sozialstaates erfasst. Diese Berührungsstellen zu zeigen, ist eine Aufgabe der Kirche, vielleicht jener Punkt, an dem sich ihre Mitarbeiter von den anderen Sozialarbeitern unterscheiden dürften.

Hier haben Glaubende anderen gegenüber etwas voraus. Wenn ich mich nicht aus der Kraft des Glaubens heraus den Widersprüchen der Welt aussetze, wird es mir schwer fallen, mich mit den sozialen Problemen der Menschen zu beschäftigen. Ohne Gebet geht einem vielleicht der nötige Atem aus, man wird ängstlich. Ich habe immer das Gebet und das soziale Handeln zusammen gesehen und mir tun alle Leid, die hier keinen Zugang finden und doch meinen, sich den Gefahren und Risiken der Sozialarbeit ausliefern zu sollen.

Vielleicht wird es wieder modern, dass man als Sozialarbeiter auch mit Glauben, Mystik, Gebet, Kirche etwas zu tun haben darf und muss. Vielleicht wächst daraus eine neue Beziehung zwischen Sozialarbeit und Gebet, wie sie zum Beispiel im Karmel zu finden ist. Ich denke an die Karmeliterinnen in Wien, die seit vielen Jahren an allem, was ich tue, Anteil nehmen und um die Not der Straßenkinder und der Obdachlosen wissen. Sie lassen sich von sozialen Problemen berühren. Daraus wird ihr Gebet. Durch ihre Freundschaft werden die Leute, die draußen die Arbeit tun, getragen. Darin liegt ein wichtiger Dienst.

In der Sozialarbeit muss viel riskiert werden, weil immer neue Probleme auftauchen, für die es noch keine Lösungen, noch keine Gesetze und Institutionen gibt. Etwas riskieren kann man aber nur, wenn einen Menschen tragen, aus einem fast blinden Vertrauen heraus.

---

**THOMAS RÖGELSPERGER, 18 JAHRE, ZIVILDIENER**

*Ich erzähle von einem Moment, der mir als unangenehme Erinnerung geblieben ist. Solche Momente gibt es fast genauso viele wie glückliche.*

*Ich arbeite in einem Kinderhaus in Ploieşti, das erst seit einem halben Jahr in Betrieb ist und in dem die Kinder sich vielleicht noch nicht so gut kennen wie in anderen schon länger bestehenden Kinderhäusern. Die Kinder kommen bunt durchgemischt aus den verschiedensten Kinderhäusern, wie auch die Erzieher im Haus. Deshalb gibt es vieles, das sich noch entwickeln muss.*

*Das tägliche Programm gibt es erst seit zwei Wochen; seit Kurzem bekommen die Kinder von mir Deutschunterricht und wir bereiten*

*uns alle gemeinsam zum ersten Mal in diesem Haus auf das Weihnachtsfest vor. Wir proben an unserem ersten gemeinsamen Krippenspiel, arbeiten daran, uns ein einigermaßen ansehnliches Weihnachtsliederrepertoire einzustudieren, und ich persönlich mache mir gerade Sorgen um das Aussehen unseres Weihnachtsbaumes, da wir ja noch keinen Schmuck vom letzten Jahr haben, sondern den erst basteln müssen. Klar, dass auch noch an der Beziehung zwischen Erzieher und Kindern gearbeitet werden muss und dass noch nicht das Vertrauen einer Mutter-Kind-Beziehung besteht.*
*Gestern Abend kam ein Mädchen, das in unserem Haus wohnt, zu mir und wollte mir etwas erzählen. Also setzten wir uns nach dem Chor gemeinsam ins Zimmer und redeten.*
*Das Mädchen heißt Mihaela und ist gerade mit ihrem Ex-Freund Amet zurückgekommen. Sie ist vorige Woche mit ihm zusammen von hier weggelaufen. Warum, das wollte sie mir jetzt erzählen.*
*Ich habe also erfahren, dass sie sich überhaupt nicht mit ihrer Erzieherin verstehe, weil sie zu streng sei und ihr keinen Freiraum lasse. Die Gründe dafür sind vielfältig. Aber als sie dann auch noch Probleme mit einer anderen Erzieherin bekam (die von Mihaela vielleicht selbst verschuldet waren) und diese ihr eine Ohrfeige gab, beschloss Mihaela, sich die Schlagader am Handgelenk aufzuschneiden, und ging danach mit Amet weg.*
*Mir hat sie erzählt, sie wolle sich umbringen, aber warum genau, das hat sie mir nicht so wirklich sagen können. Ich frage mich, ob sie es tun wollte, um ein Druckmittel in der Hand zu haben oder um Aufmerksamkeit auf sich zu ziehen. In jedem Fall ist sie nicht das einzige Straßenkind, das sich schon den Arm aufgeschnitten hat. Viele Straßenkinder haben den gesamten Arm voller Schnitte, von denen jeder einzelne von Frustration und Orientierungslosigkeit erzählt.*
*Man kann diese Situation eher generell betrachten und so deuten, dass elternlose Kinder dazu tendieren zu vergessen, dass ihr ganzes Leben noch vor ihnen liegt. Sie kommen schnell in für sie scheinbar unbewältigbare Situationen. Sie verlieren die Neugier auf das Kom-*

*mende, den Drang, Dinge zu verstehen, die Welt, in der sie leben, zu erforschen, und so geht ihnen oft ihr Lebensantrieb verloren.*
*Man kann die Ursachen für einen (gespielten) Selbstmordversuch auch auf die erst junge Gemeinschaft in unserem Haus zurückführen, die noch nicht vollen Halt geben kann und die es von uns gemeinsam aufzubauen gilt.*
*In jedem Fall ist es ein besonders unangenehmer Augenblick für wahrscheinlich jeden Volontär, der aber vorkommt und mit dem man umzugehen wissen muss. Im besten Fall ist es ein Antrieb, Dinge zu verbessern, so etwa die Kommunikation zwischen den Erziehern, und sich in die Arbeit mit den Kindern hineinzuknien.*
*Meiner Meinung nach ist meine wichtigste Aufgabe hier, Ansprechperson zu sein. Jemand, dem man vertrauen kann, den man kennt, mit dem zusammen man schon einiges erlebt hat und der darauf achtet, dass man korrigiert wird, wenn man etwas falsch macht. Dabei versuche ich mich an die Erziehung zu halten, die ich auch von meinen Eltern bekommen habe (wenn auch mit einigen Modifikationen).*
*Im Endeffekt macht jedes Erlebnis, gut oder schlecht, meine Anwesenheit sinnvoll und ist auch mit ein Grund, warum ich die Arbeit hier machen möchte.*

---

## *Der Engel neben mir*

Es war und ist für mich immer wieder eine Überraschung, welche Bedeutung der Gottesdienst und das Gebet für die Straßenkinder haben. Der Übergang von der Straße zu einer Ordnung, die ein Haus braucht, ist oft schwierig und verlangt viel Geduld. Leicht aber ist es, mit Singen und Gebet eine Gemeinschaft unter den Straßenkindern zu stiften. Oft habe ich von meinen Kindern gehört: Ich kenne meinen Vater nicht, oder: Ich habe meine Mutter verloren, aber wir haben einen Vater im Himmel und Maria ist unsere Mutter. Meine Kinder beschenken mich Tag für Tag mit

**Meine Kinder beschenken mich Tag für Tag mit einer Dankbarkeit, wie ich sie bei reichen und bewahrten Kindern kaum erlebt habe.**

einer Dankbarkeit, wie ich sie bei reichen und bewahrten Kindern kaum erlebt habe.

Eines Tages wollte sich einer unserer Gäste besonders einfühlsam zeigen und sagte zu den Kindern: „Ihr tut mir so Leid, ihr habt keinen Vater, keine Mutter …" Einer der Jugendlichen flüsterte mir zu: „Weiß er nicht, dass wir alle einen Vater im Himmel haben?" Diese Gewissheit ist bei den Kindern viel stärker als bei uns, die wir hier auf Erden unsere Eltern haben. Diese Kinder sind viel mehr auf den Vater im Himmel angewiesen. Ihn und Maria als Mutter zu schätzen, das habe ich bei ihnen gelernt. Das ist eine Geborgenheit und Hilfe, die einem niemand nehmen kann, die einen überallhin begleitet, ob in Rumänien oder in Moldawien oder in einer schlaflosen Nacht: geborgen beim Vater im Himmel zu sein und eine Mutter zu haben, die einen vom Himmel aus begleitet.

Jeden Abend sprechen unsere Kinder in allen Häusern ein Gebet, das sie auswendig wissen; die Worte stammen von ihnen selbst. Ein anderes Gebet, das fast alle Kinder in Rumänien kennen und lieben, lautet so:

*Engel, Schutz in meinem Leben,*
*mir vom lieben Gott gegeben.*
*Lass mich bitte nie allein.*
*Lehr mich, gut und treu zu sein.*

*Mach mich groß, ich bin noch klein.*
*Gib mir Mut, um stark zu sein.*
*Begleite mich an jeden Ort.*
*Bewahre mich vor bösem Wort.*

*Lieber Gott, ich danke Dir*
*für den Engel neben mir.*

Die Dankbarkeit ist das Leitbild von CONCORDIA, oder besser gesagt: CONCORDIA ist eine Schule der Dankbarkeit, in die wir gehen dürfen.

**CONCORDIA ist eine Schule der Dankbarkeit, in die wir gehen dürfen.**

Unsere westlichen Jugendlichen lassen sich in dieser Atmosphäre von den rumänischen Straßenkindern mitreißen, sie gehen in ihr auf. Wenn die Volontäre zu uns kommen, frage ich sie nicht, ob sie mit Religion etwas anfangen können; die meisten können es nicht. Das stört mich nicht. Aber ich lächle, wenn ich sehe, wie sie in unseren Andachten sitzen, an denen jeder teilnimmt, und bei den Fürbitten von den Straßenkindern angerempelt werden, auch etwas zu sagen. Da hat es noch keinen gegeben, der sich – im Bewusstsein seiner Rolle als Helfer und Erzieher – nicht gedrängt gefühlt hat, seinen Beitrag zu leisten. Ich würde sie nie dazu auffordern, die Kinder untereinander tun es. Die Lehrer sind die Kinder.

Ich kenne keine so frommen, gottergebenen, glücklichen Menschen wie meine Straßenkinder. Solche Momente und Feste wie mit ihnen habe ich mit unserer Jugend im Wohlstand noch nicht erlebt. Und das bestätigt mir auch jeder Jugendliche, der aus dem Ausland zu uns kommt. Das fasziniert jeden. Es widerspricht allen menschlichen Berechnungen. Es ist ein Glück, bei dem die Tränen sehr nahe sind. Ich habe es immer mit Kriegskameradschaften verglichen, wie sie unsere Eltern- und Großelterngeneration erlebt hat. Ähnlich ist es bei den Straßenkindern in ihrer Ausgesetztheit, in der alle Wunden offen daliegen, wo die Katastrophen passieren, wo kein Schutz, keine Hülle verfügbar ist. In der Bibel würde man das eine Wüstensituation nennen, in der Gott und der Teufel sehr nahe sind und wo Beziehungen entstehen. Dieses Sich-verdankt-Wissen – das kein Hochmut ist, keine Überhebung, alles selbst zu können und zu wissen – ist dort präsent, wo jeder weiß, dass er von allen anderen und vom Schicksal abhängig ist.

Wenn man so offen ist, kommt es nur noch darauf an, ob man dieses weltlich nicht fassbare Selbstbewusstsein hat, das ein evangelischer Theologe mit den Worten umschrieben hat: Jetzt weiß ich nichts mehr, außer dass ich selbst im Tod geborgen bin. Dabei geht es nicht nur um die Sterbestunde; man kann das vorwegnehmen ins heutige Leben. Das Selbstbewusstsein kommt nicht aus Macht, Geld, Bildung, Beziehungen – es ist durch dies alles nicht fassbar, eine Gnade, die man nicht direkt anstreben kann. Es ergibt sich wie eine Überraschung, wenn man sich danach sehnt, arm und geschmäht zu sein. Wenn man den geistigen Hunger kennt, wenn man eine Schmähung, einen Konflikt, ein Problem am eigenen Leib erfahren hat, dann ergibt sich daraus eine Haltung, die mit einer großen Macht, mit der Macht Gottes, rechnet. Mit dieser Haltung kann man angreifen, im doppelten Sinn: jemanden anfassen, berühren, aber auch den Feind angreifen. Und wir leben ja nicht in einer Welt ohne Gegner oder ohne Aufgaben.

Vor mir sitzt Remus und sagt: „Danke für CONCORDIA, danke für die Erzieher, danke für alle Wohltäter, danke, danke, danke." Neben mir am Altar steht Alin, den wir vor Jahren nackt auf der Straße gefunden haben und der sich anfangs umbringen wollte. Er ist ein froher Bursche geworden, fast ein bisschen schüchtern. Und rundherum hundert singende und betende Kinder, die nicht aufhören, Gott zu danken, dass er uns in dieser Familie zusammengeführt hat. Ich erlebe die Dankbarkeit, wo ich die Bitte erwartet hätte, die Ehrfurcht statt der Anklage, eine Gottesnähe von denen, die eigentlich ganz unten zu Hause sind. Aber sie sind ganz oben. Diese überraschende Ehrfurcht, Religiosität, Fürsorge für andere sind das Gegenteil dessen, was man erwarten würde. Die schönste Gemeinde, die ich mir vorstellen kann! Wo ich den Fuß auf die Straße setze, dort läuft mir das Leben nach. Mit dem anderen Fuß bin ich im Himmel, wenn wir Gottesdienst feiern, wenn unsere Kinder für die Kinder auf der Straße und für ihre Wohltäter beten. Wenn ich in ihren Augen die Dankbarkeit sehe.

**Wo ich den Fuß auf die Straße setze, dort läuft mir das Leben nach.**

Als ich vor einigen Jahren mit einem meiner Jugendlichen in Wien war – er brauchte eine besondere medizinische Behandlung –, gingen wir über den Naschmarkt. Wir hatten beide Hunger und kauften uns Würstel. Ich biss gleich in meine Wurst; da schaute mich der Bub erschüttert an und fragte: „Pater, betest du nicht vor dem Essen?“ Ich muss diesen Kindern nichts predigen – sie predigen mir! Sie sind die Lokomotive im Gebet, in der Religion, ich bin der Empfangende, nicht der Gebende. Ich habe sie nie zum Gebet angehalten, sie nicht einmal eingeladen. Sie laden mich ein.

Natürlich fragen unsere Schützlinge uns manchmal: „Wann darf ich katholisch werden?“ Dann antworten wir: „Da müsst ihr noch ein bisschen warten.“ Und dabei erinnern wir uns an ein Wort von Kardinal König, der mir bei einem Besuch sagte: „Schauen Sie als katholischer Priester, dass Sie gute Orthodoxe heranziehen.“ Diese Aufgabe habe ich nicht vergessen und sie stößt mich hinein in diese Weite.

Oft werde ich gefragt: „Was haben Sie für ein Leitbild?“ Meine Antwort ist sehr einfach und klingt konservativ: „Ich möchte dankbare Kinder.“ Dankbar sein heißt: Ich sehe, was ich bekommen habe, und nehme das nicht als selbstverständlich. Wer dafür dankbar ist, der wird selbstständig, der wird stark, der wird sogar glücklich. Wer aber nur einen Anspruch nach dem anderen hat, der wird immer unglücklicher und abhängiger. Ich habe bis heute kein besseres Mittel gefunden, als die Kinder zu lehren: Du musst Danke sagen. Wenn selbst die Straßenkinder ihren Reichtum entdecken und anfangen, glücklich zu sein, wie viel mehr können wir das. Die Folge dieser Entdeckung des eigenen Reichtums und Beschenkt-Seins ist, dass ich die Kraft spüre, etwas zu tun. Daraus entsteht das Selbstbewusstsein, zu wissen, ich kann die Welt bewegen.

### CORINA BREZEANU, 18 JAHRE, EHEMALIGES STRASSENKIND, JETZT VOR DEM SCHULABSCHLUSS

*Meine Familie hat eine traurige Geschichte. Von sechs Kindern sind nur drei übrig geblieben. Ich hatte einen Zwillingsbruder, Sandel. Er war taubstumm. Mein größerer Bruder hat ihn, als er und ich drei Jahre alt waren, im Zug nach Bukarest gelassen oder verloren. Ich hatte noch einen Bruder, Daniel. Vater hat ihn an Franzosen verkauft. Die sind eines Tages zu uns gekommen, sie haben uns viele Süßigkeiten gebracht und gesagt, sie wollen ein Kind adoptieren. Meine Eltern haben ihnen Daniel gegeben. Seit damals haben sie jeden Tag gespürt, wie er ihnen fehlt. Wir waren einer weniger. Meine Schwester Mihaela ist vom Vater vergewaltigt worden. Sie ist dann entwischt, weil in dem Moment die Mama gekommen ist. Wir haben viel Angst gehabt und geschrien. Vater hat den großen Bruder Florin bevorzugt. Soweit ich weiß, arbeitet Florin jetzt als Schafhirte in einem Dorf. Er war sehr schlecht, er hat nur Dummheiten gemacht und ist deswegen von der Schule geschmissen worden.*

*Mama hat mich sehr geliebt. Ich weiß noch, wie sie mich barfuß zum Kindergarten begleitet hat, weil wir keine Schuhe hatten. Auch der Vater hat mich nie geschlagen. Die Geschwister hat er oft geschlagen, besonders wenn er betrunken war. Da hat er auch Mama geschlagen. Oft mussten wir von zu Hause weglaufen und sind bis spät in die Nacht auf der Straße gestanden, bis er eingeschlafen ist. Eines Abends ist Vater betrunken gekommen und hat uns das Essen genommen. Mama hat uns Käse gebracht und er hat ihn verkauft für Alkohol. Er ist betrunken zurückgekommen und hat uns alle aus dem Haus gejagt.*

*Eines Tages ist die Polizei zu uns gekommen und hat meine Eltern ins Gefängnis gebracht. Sie sagten uns, die Eltern hätten das Pferd eines Reichen im Dorf getötet. Wir sind allein geblieben. Die Direktorin der Schule, in der Mihaela war, hat das erfahren und hat etwas für uns gesucht. Sie hat uns beide zur* CONCORDIA*-Farm gebracht. Hier habe ich Pater Sporschill und Ruth kennen gelernt. Ich war sechs Jahre alt.*

*Als die Eltern aus dem Gefängnis gekommen sind, hat der Vater das Haus verkauft und ist auf der Straße geblieben. Er hat uns verlassen. Ich weiß nicht, wo Mama geblieben ist. Jetzt seid ihr für mich eine neue Familie. Ich freue mich, dass ich hier sein darf, weil es sehr schön ist. Ich gehe in die Schule, in die sechste Klasse. Ich habe ein normales Leben mit vielen Freunden. Ich habe gelernt, schön zu sprechen und mich zivilisiert zu benehmen. Am meisten freut mich, dass ich Theater spielen kann. Das gefällt mir sehr gut und ich bin sicher, dass ihr meine Familie bleibt.*

---

## *Jugendarbeit – fromm oder sozial?*

Kann die kirchliche Jugendarbeit allen gerecht werden – den „Guten“ und den „Gescheiterten“? Worauf will sie letztlich hinaus – auf den Klub oder den Gottesdienst? Abends im Jugendhaus unserer Pfarre in Wien: Als Ersten treffe ich Paul, sechzehn Jahre; ungepflegtes Haar, einen Ansatz zum Bart, alte Jeans, Zigarette im Mund, riecht etwas nach Alkohol – typische Merkmale für ihn. Es ist ein freudiges Zusammentreffen, weil wir uns gut verstehen. Er kommt deshalb öfter vorbei. Und er fragt nach einem Mädchen. Sonst interessiert ihn unser Betrieb nicht, er macht jedenfalls in keiner Gruppe mit. Wie es ihm geht? Sein Gesicht wirkt müde. Seine Nächte sind meist lang, sehr lang. Da es mit seinen Eltern gar nicht mehr ging, zog er mit ein paar Freunden in eine eigene Wohnung. Sein Verhältnis zu Mädchen, eigentlich alles in seinem Leben macht den Eindruck, als würde er ausschließlich im Augenblick leben – oberflächliche Beziehungen, ohne Inhalt, ohne Ziel. Trotzdem stoße ich im Gespräch mit ihm auf Sehnsucht. Er will aussteigen aus der Gesellschaft, sagt er. Er hat damit begonnen, indem er die Schule, das religiöse Leben und die Familie aufgegeben hat. Er ist unzufrieden. Er ist auf der Suche.

Kann ich ihm helfen? Moralisieren ist sinnlos, das würde nur unsere Freundschaft belasten. Einfach Freunde sein und ihn so dahinleben lassen? Was kann ich tun?

Im selben Vorraum sehe ich Helga, siebzehn Jahre, mit einer Gruppe von Jüngeren. Sie besprechen den sozialen Arbeitskreis, der am Abend stattfinden soll. Obwohl sie in der Abschlussklasse viel zu lernen hat, ist sie oft da. Auf sie kann ich mich verlassen. Sie sucht sogar mit Einzelnen, die am Rand stehen, das Gespräch, auch das persönliche, tröstende und religiöse Gespräch. Helga ist sehr aufmerksam. Sie überlegt sich, was sie ab Herbst studieren soll – Pädagogik, Psychologie, Medizin? Sie hat auch schon daran gedacht, in einen Orden einzutreten. Jedenfalls will sie mit Menschen zu tun haben und sich sozial einsetzen.

Ich möchte Paul und Helga zusammenspannen. Wenn sie nur ein bisschen auf ihn abfärben und ihm Halt geben könnte! Ich spreche sie darauf an. Auf meine Bitte hin verspricht sie mir, intensiv mit Paul Kontakt aufzunehmen. Aber ich frage mich doch, was daraus wird. Wird sie ihn betreuen? Kann sie ihn hochziehen? Oder wird er sie auf seine Linie bringen und sie kaputtmachen? Es wäre nicht der erste Fall.

Ich bin realistisch genug, um damit zu rechnen, dass es nicht gelingen wird, Paul zu einem Lebensstil zu bringen, wie er in unseren Jugendgruppen üblich und gefordert ist. Er wird wohl kaum in die Messe gehen oder regelmäßig an einer Gruppe teilnehmen, schon gar nicht an einem Gebetskreis. Nicht einmal die „rauchfreien Zonen" im Haus respektiert er. Trotzdem weigere ich mich, ihn hinauszuwerfen. Und ich bin für das Experiment mit Helga. Ich glaube, dass ein solches Engagement für den anderen immer sinnvoll und sozial bleibt, selbst wenn die Hinführung zur Gemeinschaft und zum Gottesdienst nicht gelingt und so kein befriedigendes Ergebnis zu erwarten ist. Und deshalb möchte ich das Risiko dieses Kontaktes eingehen.

Ich bin abhängig von den Leuten, mit denen ich arbeite. Wenn es auch unbefriedigend ist, zu wissen, dass ein Jugendlicher konträr zu christlichen Normen lebt und wohl kaum ein Christ im traditionell-normalen Sinn wird, so bin ich doch froh um jeden einzelnen Schritt, der erreicht wird. Wenn Paul sich nur vornehmen würde, nicht mehr die Schule zu schwänzen, wenn er die angebotene Nachhilfe annehmen, wenn er wenigstens eine Zeit lang nicht mehr beliebig mit Mädchen schlafen würde … Schon bei einer bescheidenen Veränderung könnte ich mir sagen, dass sich das Engagement doch lohnt, auch wenn es mir wie eine Sisyphusarbeit vorkommt. Die Befriedigung liegt im Tun, im Einsatz und nicht im Ziel. Es ist einfach ein gutes Gefühl, mit einem solchen Menschen Beziehung und Freundschaft zu haben. Es gibt da Ehrlichkeit und Vertrauen, auch wenn kein Ergebnis zu erwarten ist, zumindest nicht so, wie ich es mir vorgestellt habe und weiterhin vorstelle.

Wenn ich die Jugend gewinnen will, ist das erste Ziel nicht, sie in die Kirche zu bringen; das erste Ziel kann nur sein, ihr Leben zu ermöglichen, Hilfestellung zu geben, damit sie zu ihrem Leben findet. „Bekehrt euch“ ist nicht gleichzusetzen mit „Kommt in die Kirche“, sondern bedeutet vielmehr: „Kehre um und suche dir einen neuen Weg!“ Der Dienst an der Welt ist die eigentliche Aufgabe von Kirche und Christentum. In einem Bild gesagt: Die Hebamme wird nicht dazu ausgebildet, ihr eigenes Kind auf die Welt zu bringen, sondern anderen Frauen dabei zu helfen. Wer in die Kirche geht und sich als Christ engagiert, tut es nicht zur eigenen Befriedigung, sondern mit dem Ziel, für Menschen in Not da sein zu können. So geht es auch in der Jugendarbeit um Offenheit und nicht um den Kreis.

**Der Dienst an der Welt ist die eigentliche Aufgabe von Kirche und Christentum.**

## *Wege durch ein Nadelöhr*

Wie gelingt es uns, Werte wie Freundschaft, Verantwortung für die Allgemeinheit, Frieden, Hilfsbereitschaft an die nächste Generation weiterzugeben? Dazu müssen wir erst fragen, was die Jugend sucht.

Schauen wir auf unsere Kinder und Enkelkinder. Sie sind im Wohlstand und im Sozialstaat aufgewachsen. Wonach hungern sie noch? Was erwarten sie von uns? Die Institutionalisierung der Nächstenliebe lässt den Einzelnen fragen: Wo kann ich noch helfen? Die Arbeitslosigkeit bedrückt die Jugend mit der Sorge: Werde ich gebraucht? Der Überfluss, der Konsum, die Spaßgesellschaft kommen an ihre Grenzen. Trotz aller materiellen und spirituellen Möglichkeiten herrscht nicht die Grundstimmung der Freude vor, eher Unzufriedenheit. Warum? Die Macht der Medien lässt viele zweifeln: Kommt es auf meine Stimme an? Familien und Kirchen sind zunehmend geschwächt, ebenso die Jugendverbände der politischen Parteien. Wo finde ich Gemeinschaft, ist die Frage vieler Jugendlicher. Wie können wir Mitkämpfer für unsere Werte finden, wer will Verantwortung übernehmen?

Ich wurde als Idealist erzogen, nicht nur in der Familie, sondern auch in Jugendgruppen, in Studentenprotesten. Wir wollten damals die Welt verändern. Heute vermute ich oder erlebe ich oft, dass dieser Idealismus fehlt. Da ist mir zu viel Fun – wobei ich nichts gegen Spaß habe; aber ich denke, dass man dadurch allein nicht glücklich wird.

Durch meine Arbeit habe ich sehr viel mit therapeutisch-pädagogischen Fragen zu tun. Manche denken sich wohl: Wenn er den Straßenkindern helfen kann, wird er auch meinen Kindern helfen können. Dadurch bekomme ich auch gelegentlich Schützlinge aus der Wohlstandsgesellschaft anvertraut, und so habe ich wohl einen etwas verzerrten Blick auf unsere Gesellschaft, weil ich eher Problemfälle zu Gesicht bekomme – oder anziehe. Bei solchen Fällen denke ich mir: Wo kann ich jemanden brauchen, wo kann ich ihn einbeziehen, seinem Leben einen Sinn geben?

Als ich 1991 nach der Wende nach Rumänien aufbrach, begleiteten mich drei Studenten. Seither melden sich mehr und mehr Jugendliche zur Mitarbeit, mehr als ich unterbringen kann. Sie kommen aus geordneten Familien und reichen Ländern und wollen nach Rumänien und Moldawien. Ich frage sie, warum sie von ihrem schönen Zuhause wegwollen, warum sie den Wohlstand hinter sich lassen. Die Antwort läuft immer auf das eine hinaus: Ich will helfen. Ein Mädchen sagte mit Begeisterung ganz direkt: Ich will ein Leben retten.

Man ist versucht zu fragen: Musst du zum Helfen nach Rumänien gehen? Kannst du das nicht auch in Österreich oder Deutschland tun?

Abgesehen davon, dass es gut ist, wenn Jugendliche Abstand von zu Hause gewinnen, ist die Suche nach sozialer Gerechtigkeit und Lebenssinn in einer reichen Gesellschaft besonders schwierig. Dieses psychologische Faktum hat Jesus mit dem Satz ausgedrückt: „Leichter kommt ein Kamel durch ein Nadelöhr als ein Reicher zum Glück." Wenn wir fragen und hören, was die Jungen sagen, helfen wir ihnen durch das Nadelöhr zu ihrem Glück.

Ob junge Menschen, die sich bei uns für ein Volontariat melden, es auch wirklich ernst meinen, können wir nur testen, indem wir zur Bedingung machen, dass sie sich auf ein Jahr verpflichten und die Landessprache lernen. Wenn sie das tun, können sie in einem Jahr viel tun und viel gewinnen.

Allerdings müssen sie unbedingt geschult und vorbereitet werden. Wenn man jemanden in einer solch neuen Situation allein lässt, wird es nicht gut gehen. Die Jugendlichen lernen relativ viele Regeln und vor allem die Sprache zumindest so weit, dass sie sich gut verständigen können. Wenn jemand Rumänisch lernt, bekommt er einen ganz anderen Sinn für die Straßenkinder. Er öffnet sich, er geht aus sich heraus. Sprachen zu lernen baut Vorurteile ab, alles Übrige ergibt sich dann beinahe von selbst.

Manche meiner Helfer sind schwierig. Sie gehen aus Unzufriedenheit von zu Hause weg und kritisieren alles. Nun kommen sie für ein Jahr nach Rumänien oder Moldawien in die „Stadt der Kinder". Sie müssen eine neue Sprache lernen, mit anderen das

Zimmer teilen, Haushaltsarbeiten übernehmen oder sie werden im Streetwork eingesetzt, für Lack schnüffelnde und verwahrloste Kinder. Sie erleben, wie Straßenkinder nach einer Nacht im Sozialzentrum überschwänglich für das Bett danken. Und sich selbst erleben sie als Väter oder Mütter für Kinder, die ihre Eltern nicht kennen.

**So entsteht CONCORDIA: Zwei Herzen werden zusammengebracht.**

So entsteht CONCORDIA: Zwei Herzen werden zusammengebracht. Doch wir müssen eine Atmosphäre schaffen, in der die beiden einander nicht schädigen – die Straßenkinder sind ja viel stärker und gewitzter als unsere Wohlstandskinder –, sondern stark machen. CONCORDIA bedeutet, dem allen einen positiven Drall zu geben, damit der eine dem anderen hilft. In Situationen der Überforderung ist es auch wichtig, dass unsere Helfer in ein spirituelles Haus kommen, in dem es eine Gemeinschaft gibt, in dem sie mit anderen reden können. Etwas, das mit einer Supervision oft künstlich erzeugt wird, schafft hier der Alltag ganz von allein.

Die rumänischen Kinder haben dabei zum ersten Mal das Gefühl, einen Vater, eine Mutter, einen Bruder, eine Schwester zu haben, und die Neunzehnjährigen, die bis dahin nur die Eltern kritisiert und nicht gewusst haben, was sie wollen, haben plötzlich Verantwortung zu tragen. Sie bekommen einen Blick für ihre Geschichte und ihren Reichtum und erkennen ihre innere Stärke: Ich kann wirklich ein Leben retten. Dieses Erlebnis ist wie eine Knospe, die aufspringt, und plötzlich ist die Blume da.

Nach einem Jahr kehren die Jugendlichen heim, haben schwer gearbeitet, eine fremde Sprache gelernt, einfach gelebt, viele Schwierigkeiten überwunden und ein Leben geführt, das sie an die Grenze brachte. Sie kehren heim als erwachsene Menschen, die um ihren Reichtum wissen und darum, was sie bewegen können. Wer hat hier wem mehr geholfen? Es ist zumindest ein Austausch, bei dem die einen die anderen groß gemacht haben.

Oft kann ich beobachten, wie die Straßenkinder unsere Wohlstandskinder mit Fröhlichkeit anstecken und dankbar machen. Plötzlich wissen die jungen Ausländer, was es heißt, in einem Bett schlafen zu können, eine Familie zu haben. Sie haben ihr eigenes Glück zu sehen gelernt. Diesem großen Glück gegenüber wird manches Problem, mit dem sie von zu Hause weggegangen sind, klein. Erwachsen gewordene, selbstständige Kinder kehren zurück und die Eltern können es gar nicht glauben, wie sich ihr Sohn oder ihre Tochter verwandelt hat. Die Berührung der Not hat sie durch das Nadelöhr geschleust.

**Am Nadelöhr zwischen Reichtum und Himmelreich stellt sich mit neuer Aktualität die Aufgabe, Hilfsbereitschaft zu wecken.**

Am Nadelöhr zwischen Reichtum und Himmelreich stellt sich mit neuer Aktualität die Aufgabe, Hilfsbereitschaft zu wecken und zu ermöglichen. Das wachsende Europa bietet unserer Jugend viele Gelegenheiten, die Not zu berühren und etwas zu tun. Trotz allen Wohlstands fehlt es auch bei uns nicht an Nöten, aber diese Not ist oft verdeckt. Oder die Menschen sind verschreckt, wenn sie einem Obdachlosen oder Fremden begegnen. Das ist die eine Seite. Auf der anderen Seite des Nadelöhrs sehe ich die Jugend, die auf einen Ruf wartet, das Mädchen, das ein Leben retten will: Sie wollen helfen. Sie suchen Freunde. Als entscheidende Aufgabe erscheint mir heute, dass wir der Jugend, die wir und unsere Eltern reich gemacht haben, einen Weg durch das Nadelöhr öffnen. Im Wohlstand und Sozialstaat müssen wir der Jugend helfen zu helfen. Das verlangt von uns, dass wir die Augen aufmachen und hinschauen auf die Wunden unserer Gesellschaft. Dann können wir der Jugend mit Überzeugungskraft sagen: Wir brauchen euch. Aus dieser Zumutung wächst Freundschaft.

Mein größtes Anliegen ist es, mitzuhelfen bei der Anregung eines neuen sozialen Engagements. Es müsste uns gelingen, einzelne Jugendliche fähig zu machen, Verantwortung zu übernehmen und sozial zu handeln. Der Gedanke, dass wir Christen nicht jammern, sondern unser Selbstbewusstsein entdecken sollten, ist vielleicht elitär. Doch dieses Selbstbewusstsein kommt aus unserer

Berufung, als Werkzeuge Christi handeln zu dürfen. Jungen Menschen eine Chance zu geben, das zu erproben, das ist mein größtes Anliegen.

Als Ordensmann bin ich von vielem befreit. Ich habe den Luxus, dorthin gehen zu dürfen, wo die Not am größten ist. Ich habe das Glück, meinen Arbeitsplatz am Nadelöhr zwischen den Generationen, zwischen Reich und Himmelreich zu haben und für Durchlässigkeit zu sorgen. Von diesem Punkt geht unendlich viel Lebensfreude aus.

---

**MARIA CHRYSOPOULOS, 19 JAHRE, VOLONTÄRIN**

*Claudiu und ich sahen uns an. „Und womit sollen wir jetzt graben?", fragte er mich. „Mit unseren Händen", schlug ich vor. Gesagt, getan. Wir hockten uns nieder und gruben mit bloßen Händen in der Erde. Ich hatte Erdäpfel und Topinambur aus Österreich mitgebracht und wollte sie einsetzen. Auf der Farm gab es genug Platz, doch Claudiu zeigte mir, wo der ehemalige Misthaufen gelegen und wo die Erde ganz besonders war. Noch nie in meinem Leben hatte ich eine so lockere und fruchtbare Erde gesehen und angefasst. Man hätte meinen können, das Leben, das in ihr steckte, zu spüren. Also gruben und gruben wir, bis wir ein genügend großes Loch gegraben hatten. Wir legten die Knollen in die Erde und schütteten das Loch zu. Dann standen wir auf und sahen uns an. Beide waren wir schmutzig von oben bis unten, aber total glücklich. In diesem Moment empfand ich so viel Glück wie selten in meinem Leben.*

*Wir beide hatten eine völlig verschiedene Vergangenheit. Claudiu wuchs in einer Familie auf, die in Ploieşti lebt. Doch als er zwölf war, starb seine Mutter und der Vater verließ mit allem Geld die Familie. Auch der größere Bruder verließ seine Brüder und zog nach Großbritannien. Zurück blieben Claudiu und sein zweiter Bruder, der jedoch das meiste Geld für Alkohol ausgab. Sie lebten von diesem Zeitpunkt an bei ihrer Großmutter. Als diese gestorben war, erfuhr Claudiu von der Farm, auf der er jetzt lebt. Ich jedoch komme aus einer gut situierten österreichischen Familie, die mir immer Sicherheit und Schutz geboten hat, die immer ein Zufluchtsort für mich gewesen ist, meine Quelle, aus der ich viel Liebe und Kraft empfangen habe. Doch dieser Unterschied zählt hier nicht. In diesem Augenblick waren wir völlig gleich: total schmutzig und doch fröhlich.*

*Wir haben beide eine Leidenschaft für das Arbeiten im Garten. Wir verbringen sehr viel Zeit miteinander und sind uns in vielen Dingen recht ähnlich. Oft wundere ich mich, wie aus Claudiu ein so wunderbarer Mensch hat werden können, da er doch eine so schwierige Vergangenheit hinter sich hat. Ich hatte die Familie, die mir immer Schutz gab, doch er musste sich alleine durchkämpfen. Doch in diesem Augenblick spürte ich, dass unsere Freundschaft nicht nur eine oberflächliche Bekanntschaft war, sondern eine wirklich tiefe Verbindung. Dieses Einsetzen der Knollen war für mich wie ein Symbol für unsere Freundschaft. Etwas zu pflanzen bedeutet für mich mehr, als nur etwas in die Erde zu geben. Man erlebt das Wunder Leben selbst. Die Pflanzen werden hoffentlich wachsen und gedeihen und Früchte bringen. Genauso ist es mit unserer Freundschaft.*

---

## *Wenn aus dem Verräter ein Freund wird*

Über keine biblische Figur wird ein so vernichtendes Urteil gesprochen wie über Judas. Ähnlich negativ gesehen ist vielleicht nur noch Kain, der seinen Bruder erschlagen hat. Diese zwei tragischen Gestalten sind die Einzigen, von denen man mit Sicherheit sagen kann, dass sie in der Hölle sind. Das war bis in die neueste Zeit christliche Lehre.

Judas gilt als der Verräter schlechthin, der Unruhestifter, der Komplize, der Verleumder, der Dieb, das schwarze Schaf, der Täter, der Selbstmörder. Einen ganz anderen Blickwinkel als die christliche Bibelauslegung zeigt uns jedoch die jüdische. Kain ist hier das beste Beispiel. Gott gibt ihm das Kainsmal, um ihn vor Rache zu schützen. Die anderen sollen an diesem Zeichen die Verpflichtung erkennen, den Gescheiterten zu resozialisieren. Im Christentum hingegen ist Kain der Mörder seines Bruders und wird durch das Kainsmal stigmatisiert. Hier ist es Signal zur Diskriminierung, dort zur Therapie.

Kain ist ein Kriminalfall, der von der christlichen Bibelauslegung keine Hilfe zu erwarten hat, ebenso wenig wie Judas. Dieser ist der Verräter, so haben wir ihn kennen gelernt. Er geht zu den obersten Richtern und fragt, wie viel Geld er dafür bekommen würde, Jesus zu verraten. Seine abgrundtiefe Schlechtigkeit soll man daran erkennen, dass er selbst angesichts der besonderen Liebe, die Jesus ihm erweist, als er ihm noch beim letzten Mahl den Bissen reicht, nicht abgeht von seinem mörderischen Plan.

Dieses Judasbild hängt an der Übersetzung eines griechischen Wortes. *Paradidonai*, griechisch, oder *tradere*, *traditio*, lateinisch, heißt überliefern, ausliefern, weitergeben. Im Neuen Testament kommt das Wort 119-mal vor, 32-mal im Zusammenhang mit Judas. Nur dort wird das Wort mit „verraten" übersetzt, in allen anderen Fällen wird es richtig mit „überliefern", „übergeben" oder Ähnlichem wiedergegeben. Bei der Aufzählung der Namen der Apostel heißt es: „Nach den übrigen elf folgt Judas Iskariot, der ihn dann verraten hat." (Mk. 3,19.) Doch es müsste heißen: „... der ihn dann überliefert hat."

Am weitesten reicht die Wirkung des Wortes, das Christen bei der Feier der Messe oder des Abendmahls an zentraler Stelle hören: „In der Nacht, da er verraten wurde, nahm er den Kelch ..." Das wurde allerdings in der römisch-katholischen Liturgie nach dem Vatikanischen Konzil teilweise korrigiert.

Jesus gibt sich hin und Judas verrät ihn: Dieser Zusammenhang dämonisiert Judas. Sein Name wurde zum Schimpfwort, ja zum Symbolbegriff für einen Verräter. Wie anders klingt es, wenn richtig übersetzt wird: „In der Nacht, da er überliefert wurde …" Das Wort „verraten" beschreibt eine moralisch verwerfliche Handlung. Aus Gewinnsucht oder Feigheit, aus egoistischen und bösen Motiven wird ein anderer Mensch oder ein anderes Volk belastet. Die Worte „überliefern, ausliefern" hingegen haben einen positiven Klang. „Überliefern" umschreibt eine Weitergabe: von Büchern, Waren oder Menschen; „ausliefern" wiederum ist ein Vorgang, der vom Recht her gedeckt sein muss.

Judas hat auf Jesus und seine Macht vertraut. Er hat ihn einen Schritt weitergebracht und ihn dorthin überliefert, wo er seine Sache vertreten sollte. Er hat Jesus zugetraut, dass er sich politisch durchsetzt. Jesus spricht vor den offiziellen Autoritäten des Staates und der Religion seinen Anspruch an, der Messias zu sein. Dass ihm diese Konfrontation möglich ist, verdankt er Judas. Jesus hat ihn berufen und von Anfang an gewusst und gewollt, dass er ihn ausliefert.

Im Zwölferkreis haben einige Mitglieder eine herausragende Rolle. Petrus, der Fels Jesu, die Brüder Johannes und Jakobus, die zu Jesu Freunden gehören, Thomas, dem Jesus erlaubt, seine Hände in seine Wundmale zu legen, sind Beispiele. Zu ihnen gehört auch Judas, der Jesus ausliefert. Er ist mehrmals durch den Titel „Einer der Zwölf" ausgezeichnet. Man könnte ihn als Gegenspieler Jesu bezeichnen oder als jenen, der Jesus und die übrigen elf am meisten provoziert und herausfordert.

Ist Judas kriminell oder krank? Wer wird ihm helfen? Die moderne Sozialarbeit mit dem Verständnis und der Entschuldigung für alles – oder die moralische Meinung, dass er die Hölle verdient hat?

Weder durch die rosarote noch durch die schwarze Brille werden wir Judas gerecht. Der Fall hat tiefere Dimensionen.

In den letzten Jahrzehnten hat die christliche Exegese Judas rehabilitiert. Jetzt kann die Sozialarbeit mit dem Judasbild in einen Dialog treten. Daraus werden sich neue Ideen und Kräfte für beide Seiten ergeben.

Aus dem Protokoll ergibt sich die Diagnose: Judas ist depressiv und selbstmordgefährdet, weil er seinen besten Freund ins Gefängnis gebracht hat. Ihm wird klar, dass der, den er ausgeliefert hat, hingerichtet werden wird. Das wollte er nicht. Er wollte Jesus groß machen und jetzt sieht er, dass er ihn zerstört hat. Diesen Schock verkraftet er nicht. Ein Sozialarbeiter würde ihn vielleicht mit Argumenten trösten: Du wolltest das nicht, du hast es gut gemeint … Du wolltest etwas Neues, da gehören Widerstand und Unruhe dazu … Wer finanzielle Verantwortung trägt, muss mit Verleumdung rechnen … Du hast als Kind in der Familie wenig Liebe bekommen, vielleicht musstest du dich deshalb jetzt so wichtig machen. Verständlich. Die anderen haben dich zum Außenseiter gemacht … Es gibt auch die Schuld des Opfers, vielleicht hat dich dein Freund missbraucht.

Ich hatte einmal mit einer sehr schwierigen Jugendlichen zu tun. Die Familie konnte sie nicht mehr ertragen, sie musste weg, sonst hätte es Mord und Totschlag gegeben oder die Ehe wäre zerbrochen oder die braven Geschwister wären weggegangen. Die Situation war so belastet, dass alle in der Familie Mühe hatten, ihre Aufgaben in der Schule, im Beruf oder zu Hause zu erfüllen. Die älteren Geschwister kamen nicht mehr nach Hause, die jüngeren hatten Lernstörungen. Weihnachten wurde zu einem schrecklichen Fest.

Als die Eltern zum ersten Mal von dieser jungen Frau berichteten, war ich gespannt, welchem Teufel ich nun begegnen würde. Neugierig war ich auf die Macht dieser Frau, die so viel kaputt machen konnte. Ich hatte keine großen Hoffnungen, helfen zu können, weil die Eltern schon bei vielen Beratern, Psychologen und Ärzten gewesen waren. Es war denn auch nicht leicht, an das Mädchen heranzukommen. Endlich aber gewann sie Vertrauen. Sie begann von sich zu erzählen, von den Katastrophen zu Hause und im Studium. Sie war ziemlich verzweifelt. Marihuana, Alkohol und Exzesse in Beziehungen machten sie fertig.

Durch unsere Freundschaft aber bekam ich von der Bösen, die angeblich die Familie zerstörte, ein ganz anderes Bild. Nicht dass ich die Schwierigkeiten geringer eingestuft hätte, aber es profilierten sich in meiner Beobachtung viele Mitspieler an diesem Drama. Manchmal schätzte ich deren Rolle so stark ein, dass ich meinte, das Mädchen habe einfach so handeln müssen. War es ein gesundes Ergebnis aus den unmöglichen Voraussetzungen? Aus der komplizierten Ehe der Eltern, aus der Brutalität eines Bruders, aus dem Ehrgeiz der Schwester, die sie verspottete? Es stellte sich auch die Frage, was sie zu Hause zerstört hatte. Es war ein Scheinfriede, eine Scheinwelt von Wohlstand, eine Freiheit auf Kosten anderer, eine Ehrlichkeit, die ohne Rücksicht war. Ihren Beitrag konnte ich also nicht nur negativ sehen. Vielleicht hatte sie etwas aufgedeckt, das nun Heilung finden konnte. Mir schien mein Schützling die Sensibelste in ihrer Familie zu sein. Ihre brutalen Ausbrüche bestätigten meine Vermutung, dass sie dünnhäutig war und alle Unstimmigkeiten übermäßig stark wahrnahm, auch die eigenen Misserfolge und die Unzufriedenheit mit sich selbst.

Am Beginn hatte ich es wie die Eltern gesehen. Da war eine sehr kranke oder völlig missratene Tochter. Wenn ich aber sie hörte, schien mir die Familie nicht mehr in Ordnung zu sein. Aus diesem Entweder-oder hat mir Judas herausgeholfen. Die tragische Gestalt, von der ich heute nicht mehr wie als Kind sagen kann, sie sei böse. Aber ich sage auch nicht wie ein Psychologe, der im Spiel war: Die Arme kann nichts dafür, sie ist ein Opfer ihrer Familie. Sondern ich sehe wie in der Person des Judas die Tragik des familiären Beziehungsgeflechts und die undankbare Aufgabe des Therapeuten: dieses starke System aufzubrechen, es milder und menschlicher zu machen.

Die Aufgabe ist schwierig geblieben, sie lässt sich nicht von heute auf morgen lösen. Aber durch Judas habe ich die Hoffnung und die Kraft, weiterzugehen, mit allen Beteiligten und im Wissen um die Stärke der einen, der so genannten Gesunden, aber auch in der zunehmenden Erkenntnis, wie stark mein Schützling ist. Mit Optimismus, obwohl die Tragik kein Ende hat. Wie Judas steht sie nicht für den Verräter – so erschien sie auf den ersten Blick –, sondern für den Überlieferer: weil mir eine Aufgabe gegeben wurde, weil mir ein weiteres Beziehungsnetz mit meinem Schützling in der Mitte zugekommen ist und meiner Mitsorge übergeben wurde. Nichts ist leichter geworden, aber ich sehe weniger Böse im Spiel, sondern jeden Tag neue Chancen, die sich im Zusammenspiel aller auftun.

Ich hoffe, dass mein Schützling nicht wie Judas zerbricht. Sein Beispiel drängt mich zu Vorsichtsmaßnahmen. Als Erstes muss ich sie stärken, natürlich auch ihre Familie. Da hilft Distanz voneinander. Wir brauchen mehr Ruhe und einen Spielraum, um einen guten Weg zu finden.

Judas hat meinen Blick im Sinne der systemischen Theorie von Paul Watzlawick geschärft. Veränderung und Heilung betreffen das ganze System, nie einen Einzelnen. Zugleich versteht sich, dass man vom Therapeuten keine Wunder erwarten darf. Manche Systeme können nicht verändert werden, aber man sieht die Bezogenheit des einzelnen „Übeltäters" zu den anderen und seine positive Rolle für sie. Das gibt dem Leiden Sinn und auch Perspektiven und befreit von jeder Abstempelung.

Oft wurde Judas Geldgier nachgesagt. Das hatte üble Folgen: Die Namensgleichheit mit Judas, dem dritten der Stammväter, und seinem Volk, dem Volk der Juden, führte dazu, allen Juden Habgier, Betrug und Unehrlichkeit zu unterstellen. Daraus wurde eine weitere Grundlage des Antisemitismus, von dem Kardinal König einmal sagte, seine tiefste Wurzel sei die religiöse. Doch dieser Aspekt ist auch ganz anders zu sehen.

Judas ist mit Jesus in Bethanien zu einem Mahl eingeladen. Martha bedient, ihr Bruder Lazarus ist mit zu Tisch. Ihre Schwester Maria verwendet Öl im Wert von 300 Denaren, um Jesus die

Füße zu salben. Darauf stellt Judas die kritische Frage: Wäre es nicht besser, das Öl zu verkaufen und das Geld den Armen zu spenden? Eine ernsthafte Frage, doch das Evangelium kommentiert den Vorfall mit den Worten: „Das sagte er aber nicht, weil er ein Herz für die Armen gehabt hätte, sondern weil er ein Dieb war. Er hatte nämlich die Kasse und veruntreute die Einkünfte." (Joh. 12,6.)

In diesem Text zeigt sich das gängige Judasbild, das nicht in der Bibel seinen Ursprung hat, sondern durch die Übersetzer hineingetragen wurde. Der griechische Urtext sagt wörtlich: „Er hatte die Kasse und trug die Einkünfte." Das heißt, er verwaltete sie. Das Wort Dieb bekommt einen anderen Sinn, wenn bedacht wird, dass die ganze Gruppe Judas zum Verwalter der Kasse bestimmt hat. Sie alle haben ihm das Geld anvertraut. Und er ist so sehr auf seine Verantwortung dafür konzentriert, dass man ihm vorwirft, wie ein Hamster zu sein. Die Bemerkung über die 300 Denare für Salböl muss dann so verstanden werden, dass er dieses Geld für die Armen verwenden wollte. Das wird bestätigt, als Jesus ihn beim Abendmahl hinausschickt und einige Jünger glauben, dass er das Armenopfer abgeben wolle. (Joh. 13,28 f.)

Jedes Sozialprojekt ist von Geld abhängig. Es ist mühsam, Menschen von der sozialen Arbeit zu überzeugen, damit sie Vertrauen und Geld schenken. Wenn das Geld dann da ist, muss das Vertrauen gerechtfertigt werden: durch sparsamen und gezielten Einsatz, durch kluge und lohnende Maßnahmen, die Not lindern können. Und schließlich muss alles belegt und abgerechnet werden. Das verlangen nicht nur die Spender, sondern auch die Organisation und das Finanzamt. Es ist auch ungerecht, Geld zu vergeuden, das ein/e Spender/in sich mühselig vom Mund abgespart hat.

Geld hat immer auch mit der Frage der Gerechtigkeit zu tun. Wer das Gefühl hat, zu kurz zu kommen, wird angreifen. Dann liegt Verleumdung nahe. Wer sehr sparsam ist, dem wird man vorwerfen, gierig oder knauserig zu sein. Wer sehr großzügig ist, den verdächtigt man, das Geld zu verschleudern und im Luxus zu leben, den andere bezahlen. Entscheidend ist die Fantasie, das Geld so gut wie möglich in den Dienst der Versöhnung und Heilung zu nehmen.

Judas ist ein guter Patron für ein soziales Werk. Weil er auf das zugeteilte Geld für die Armen geachtet hat. Weil er es für die Gemeinschaft übernommen hat, die Kasse zu tragen, sich mit allen Sicherheits-, Zins- und Berichtsfragen zu belasten. Bei Judas werden die Möglichkeiten und die Gefährdungen durch das Geld sichtbar, die Verantwortung und der schwere Dienst, die im Umgang damit zu leisten sind.

Vorurteile sind gerade in der Sozialarbeit ein Thema. In Rumänien wurde in den letzten Jahren viel für Kinder getan, die auf der Straße lebten; dazu hat auch das Ausland viel gespendet. Dass so vielen Kindern geholfen und die Heimsituation radikal verbessert werden konnte, ist Rumänien, seiner Politik und seinen Sozialarbeitern hoch anzurechnen. Trotzdem wird das Land oft mit den Straßenkindern gleichgesetzt. Das Stigma bleibt, behindert Tourismus und Wirtschaft und belastet die Würde der rumänischen Landsleute. Judas zeigt mir die Realität, dass wir mit Vorurteilen leben müssen. Gegen sie gilt es zu kämpfen. Aber er zeigt auch die Kraft, die daraus kommt, wenn man an den Vorurteilen arbeitet. Aus einer Wurzel sozialer Probleme können sie zu einer positiven Quelle werden.

Als wir vor fünfzehn Jahren nach Rumänien kamen, wurde unser Einsatz misstrauisch beobachtet. In der Zeitung stand: Warum machen die Ausländer diese Arbeit? Entweder verdienen sie dabei Geld oder sie wollen unsere orthodoxen Kinder katholisch machen. Oder sie nehmen geheim Organspenden. Oder sie wollen Geschäfte mit Adoptionen und Kinderhandel machen. Oder sie missbrauchen unsere Kinder. Gegen diese Verdächtigungen hatten wir zu kämpfen. Inzwischen hat sich das Blatt gewendet. Wir bekommen in Rumänien viel Zuspruch und Unterstützung durch Behörden, Politiker und Nachbarn. Das Werk selbst hat die Vorurteile bekämpft, die Kinder und die Mitarbeiter/-innen haben gesiegt und tragen eine gute Botschaft in die Gesellschaft: Es lohnt sich, Sozialarbeit zu machen. Wir haben die Kraft, die Probleme zu lösen. Die Hoffnung wird stärker.

Bevor ich nach Rumänien ging, war ich an der Gründung mehrerer Häuser für Strafentlassene und schwierige Jugendliche beteiligt. Bei der Suche nach dem Standort konnten wir zunächst nicht mit der Zustimmung der politisch Zuständigen rechnen, da sie fürchteten, Wählerstimmen zu verlieren. Doch wenn das Haus erst einmal existierte, hatten die Versöhnung und die Resozialisierung im Haus eine so friedensstiftende Ausstrahlung auf die Umgebung, dass uns oft Nachbarn unterstützten und mitarbeiteten. Das Werk selbst hatte die Vorurteile besiegt.

Wer Judas kennen lernt, bekommt ein anderes Bild von ihm. Wer mit Ausländern isst, wer einem Straßenkind hilft, wer Gefängnisbesuche macht, wer einen Dienst im Altersheim übernimmt oder einen Kranken betreut, legt fast automatisch Ängste und damit Vorurteile ab. Ja, er gewinnt eine Lebensfreude und Lebenskraft, die überraschend sind. Lebenskraft, die von Judas kommt?

Wenn Judas seine Verleumdungen in unserer Spiritualität besiegt, wird ihm nicht nur Gerechtigkeit widerfahren, er wird uns auch Kraft geben, vor allem in der Sozialarbeit, wo wir mit unseren Schützlingen um die menschliche Würde ringen.

Judas ist einer der zwölf. Jesus braucht die anderen elf, er braucht aber auch Judas, und vor allem brauchen die anderen elf Judas. Jesus braucht Judas, um öffentlich vor der Welt als Erlöser sichtbar zu werden. Die elf anderen brauchen Judas, weil sie sonst keinen Zugang zu Jesus und zum Ärgernis des Kreuzes hätten. Ohne Judas könnten sie Jesus nicht als Erlöser erfahren.

Jede Gemeinschaft, ob Familie, Kirche, Schulklasse, Staat oder Firma, hat einen Judas. Jede Familie hat ein schwarzes Schaf, einen

Außenseiter, einen Schwierigen, einen, der andere Wege geht, der die anderen provoziert, ärgert und herausfordert. Wo ist der Judas in der Kirche? Sind Straßenkinder, Arbeitslose, Alkoholiker für die Kirche das, was Judas für Jesus war? Sind sie so notwendig wie Judas für Jesus?

Die Kirche braucht Außenseiter für die Sozialarbeit, weil sie sonst abgehoben und fromm ist. Wenn die Kirche nicht mehr die Nöte erreicht, hat sie mit Jesus nichts mehr zu tun. Sie braucht den Stachel. Ein Land, eine Gesellschaft ohne Asyl, ohne Kranke würde unmenschlich, weil der Mensch mit seinen Schwächen, der Mensch, der auch auf Barmherzigkeit angewiesen ist, dort keinen Raum hat. Es ist die menschlichste Aufgabe, sich um die Schwächeren und die Schwierigen zu kümmern. Judas ist schwierig. Er ist im Widerspruch und verfolgt andere Ziele als die Freunde. Er zwingt Jesus in die Konfrontation. Nur Jesus hält ihn aus. Er entlässt ihn nicht, er schenkt ihm seine besondere Zuneigung.

Judas macht den entscheidenden Schritt. Er ist in seiner Tragik einmalig, wie Jesus. Beide sterben für das Werk. Jesus hat es gegründet und sich dafür hingegeben, Judas hat den Konflikt angezündet, der in der Welt überfällig war. Dieser eine steht für Resozialisierung, Sozialarbeit. Er bindet die elf anderen an die wirklichen Probleme und ans Christentum, weil der Einsatz für das schwarze Schaf uns menschlich macht, unsere Familien, den Staat sozial macht, Lebensqualität verleiht. Elf sind nötig, damit das normale Leben möglich ist, den einen braucht es, damit Salz in die Suppe kommt. Der eine bringt die Probleme ein, erinnert uns an die Krankheiten der Welt; mehr noch, er bringt sie hinein in die Gemeinschaft. Das Ärgernis verhindert das Abheben der Gemeinde, das Halleluja bekommt den nötigen Weltbezug.

Bei einem Straßenkind scheint es auf den ersten Blick klar zu sein, dass es unschuldig ist. Was kann es dafür, dass seine Eltern überfordert waren, krank wurden, sich scheiden ließen oder einfach

Auf der Farm erleben die Kinder Geborgenheit.

Elena Vlad, rumänische Künstlerin, hat den Weg der Kinder von der Straße in die Zukunft aufgezeichnet.

Oben: Der Besuch des „großen Paters“: Kardinal Christoph Schönborn.
Unten: Fröhliche Kinder in Moldawien.

Kinder in Moldawien und Rumänien.

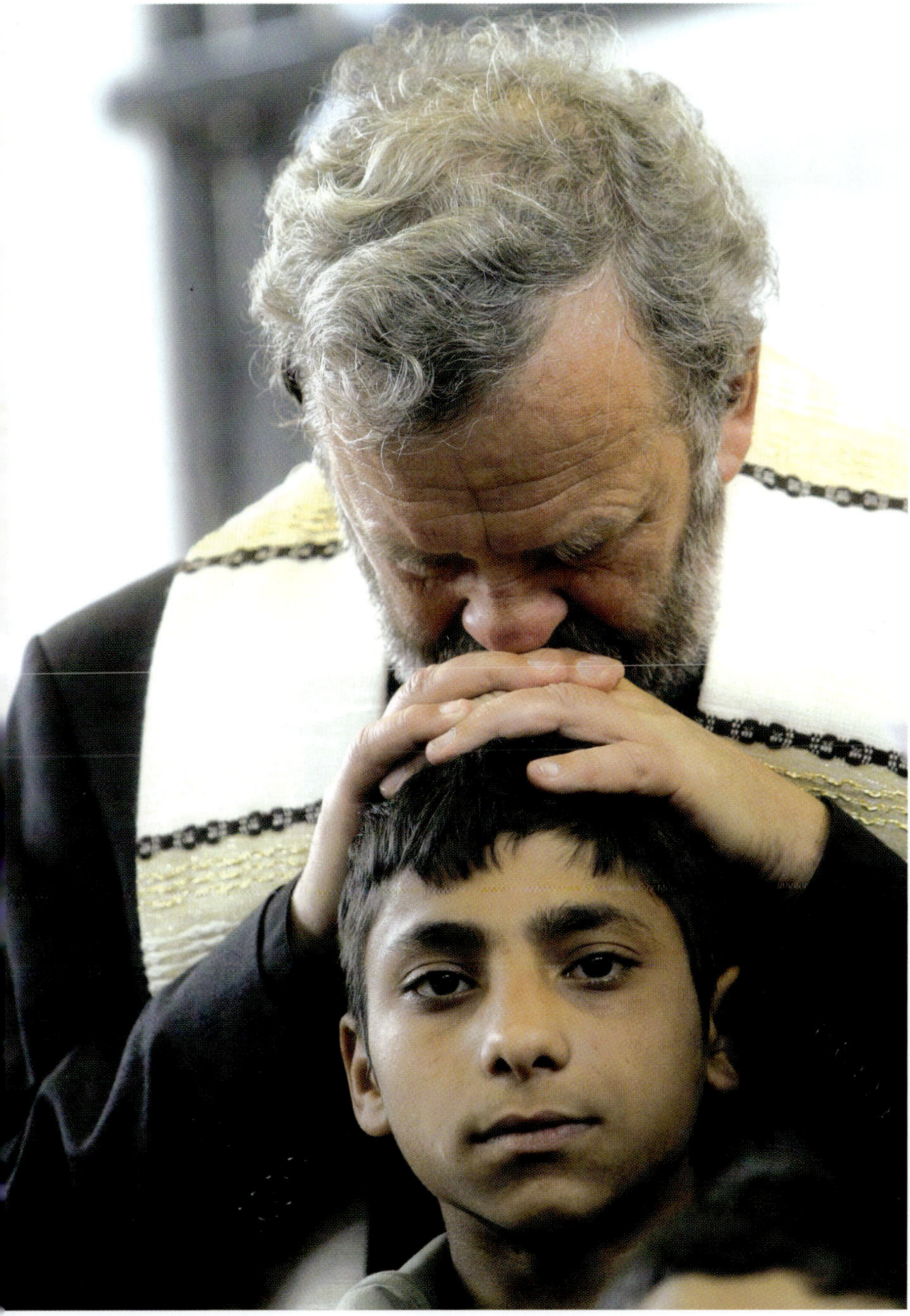

Pater Georg Sporschill und Florin (bei der Andacht im Sozialzentrum Lazarus).

Fleißige Hände auf der Farm (oben) und im Kinderhaus (unten).

Die Bäckerei auf der Farm.

Auf dem Weg in eine bessere Zukunft.

nicht das Geld hatten, um den Kindern ein Zuhause zu geben? Wir gehen der Geschichte und den familiären Spuren eines jeden Kindes nach. Vielleicht können wir es wieder nach Hause bringen. Vielleicht wartet eine Mutter auf das Kind. Vielleicht müssen nur Konflikte und Knoten gelöst werden, damit das Kind und andere Teile der Familie zum Frieden finden. Wenn wir dann das Zuhause eines Straßenkindes vorfinden, stehen wir meist vor der nächsten Katastrophe. Man fragt sich, was kann diese arme Frau dafür, was kann dieser Mann dafür? Ein schreckliches Schicksal lastet über diesen Menschen, sonst hätten sie das Kind nicht gehen lassen.

Wer ist nun der Täter? Wer ist schuld? Wen kann man zur Verantwortung ziehen? Es kommen zumindest mehrere in Frage, nicht nur der eine oder der andere. Sogar die wirtschaftliche oder politische Situation ist mitverantwortlich, auch religiöse oder moralische Einstellungen wie Familienplanung oder fehlende Information können es sein. Möglicherweise hat das Kind die Eltern überfordert. Mancher Jugendliche überfordert auch uns und droht die Gemeinschaft zu zerstören. Doch der Blick auf Judas befreit mich vom Druck, die Schuld zu verteilen. Und er macht mich hellhörig für die vielen und unterschiedlichen Verantwortlichkeiten, die zu suchen sind. Auch meine eigene Verantwortung und meine Dienste kommen in den Blick. Unser Werk mit allen Mitarbeitern/-innen ist am Schicksal des Straßenkindes beteiligt. Bei ihnen kommt wie bei Judas das göttliche Muss ins Spiel. Ich beanspruche es, um das Geheimnis des Leidens eines unschuldigen Kindes nicht erklären zu müssen. Ich sehe das göttliche Muss in den vielen Aktivitäten und überraschenden Botschaften, die um dieses Kind herum entstehen und von ihm ausgehen. Einem göttlichen Muss und nicht einer menschlichen Planung, Straßenkinder zu produzieren und Leid zu schaffen, verdanken wir die Sinnstiftung, die Gottesnähe, die Menschlichkeit und die Schule der Barmherzigkeit.

# Kraft zum Aufbruch

## *Eine Brücke in Europa*

Im Laufe der Jahre wurde ich durch meine Arbeit zu einer Art Vermittler zwischen den „Kindern der Straße" und den „Kindern des Salons", wie sie der polnische Psychiater und große Freund der Jugend Janus Korczak genannt hat. Diese Brückenfunktion gilt es sinnvoll zu übertragen und zwischen den Ländern, Kulturen und Gesellschaftsschichten aufzubauen. Drei biblische Bilder kommen mir dabei in den Sinn.

Die Brücke, die es in Europa braucht, muss eine lange sein. Die Bibel findet dafür das Bild der Wüstenwanderung von der Sklaverei in Ägypten ins Gelobte Land. Sie dauert vierzig Jahre, eine ganze Generation lang. Das heißt also, dass wir Geduld haben müssen, wenn wir die Gräben, die eine unterschiedliche politische und kulturelle Entwicklung aufgerissen hat, überbrücken wollen. Diese Wüstenwanderung erleben wir in unserer Arbeit täglich. Ein Beispiel: Wir achten auf Pünktlichkeit und Genauigkeit, Rumänen scheint das weniger wichtig zu sein. Wir achten auf Sparsamkeit und wollen, dass die Teller leer gegessen werden, Rumänen stellen großzügig alles auf den Tisch, was nur da ist, und denken weniger an das Morgen. So gibt es ein tägliches Aufeinanderprallen von Kulturen und Sitten, bis hin zu den Essgewohnheiten.

Dabei ist die Jugend unsere große Chance. Jugendliche sind zweckfreier, absichtsloser und schließen leichter Freundschaften. Und wenn man von Jugend an solche Freundschaften hat, dann entsteht im Laufe der Zeit eine Verbindung – als notwendiger Teil der europäischen Brücke. Was es für einen Rumänen heißt, einen

Freund aus Deutschland oder Österreich zu haben oder von diesem besucht worden zu sein, das rührt an die Würde, es öffnet den Blick für die Größe der Menschen auf beiden Seiten und stiftet Freundschaft.

Das zweite Bild der Bibel ist für mich jenes vom armen Lazarus, der vor der Türe des Reichen liegt. Aber der Reiche nimmt ihn nicht wahr und stürzt deshalb ins Elend und in die Hölle, während der andere ins Paradies kommt. Diese Parabel kann man auch politisch verstehen. Unmittelbar vor unserer Türe liegt einer, der ärmer ist. Wir müssen ihn nur berühren, mit ihm Kontakt aufnehmen. Aber nicht nur er profitiert davon; auch der, der hilft, wird durch diese Begegnung verwandelt. Die Welt der Armen und die der Reichen sind durch kommunizierende Gefäße verbunden, aus denen von der einen Seite materielle Hilfe, von der anderen Lebenskraft und Zukunftshoffnung fließen.

Das dritte Bibel-Wort ist jenes vom Kamel, das leichter durch ein Nadelöhr geht als ein Reicher in den Himmel kommt. Der geniale Psychologe Jesus wusste, welche Gefahren der Reichtum birgt. Es gibt genügend Untersuchungen, die besagen, dass in den reichen Ländern mehr Menschen angeben, unglücklich zu sein, als in den armen.

Das Engagement für ein größeres Europa wäre eine gesunde menschliche Aufgabe. Es bewahrt uns vor Egoismus und Eigennutz, die das Leben grau, ängstlich und freudlos machen, es macht uns großzügiger und mutiger. Über den Tellerrand zu schauen hilft dabei, sich nicht von den eigenen Problemen blenden zu lassen. Das spürt man zwar nicht bei denen, die nur ihren Reichtum schützen wollen oder Angst haben zu verhungern, aber wenn man Jugendliche richtig anspricht, ist das Interesse da. Wir müssen ihnen die Chance geben, die Enge des eigenen Herzens zu überwinden. Damit geht das Herz auf und wir entgehen der Wohlstandsverengung.

**Über den Tellerrand zu schauen hilft dabei, sich nicht von den eigenen Problemen blenden zu lassen.**

In Rumänien habe ich im Laufe meiner Tätigkeit einen großen Wandel hin zum Besseren miterlebt. Die Perspektive Europa hat das Land zu unglaublichen Leistungen motiviert. Wir sind nicht mehr das Gegenüber, sondern wir gehören zusammen, wir stehen nicht mehr auf unterschiedlichen Ebenen, einer oben, einer unten, sondern können einander auf Augenhöhe begegnen. So kann man einander auch die Schwachpunkte zugeben und sie miteinander zu bewältigen versuchen. Die Perspektive des EU-Beitritts ist der Anstoß, der eine Eigendynamik in Gang setzt.

Auch in der sozialen Frage hat sich vieles verändert. Hier haben wir in unserer Arbeit mitgeholfen, ein neues Selbstbewusstsein zu schaffen, das man braucht, um nicht hilflos vor den Problemen zu kapitulieren. Diese Entwicklung ist unübersehbar und mindestens so stark wie der wirtschaftliche Aufschwung. Wenn sozial oder kirchlich eingestellte Menschen, die Werte vertreten, einander begegnen, wie einander die Leute aus der Wirtschaft begegnen, dann wird Europa nicht nur eine Wirtschaftseinheit, sondern auch eine soziale, weltanschauliche und kulturelle Einheit werden. Ein Wirtschaftsunternehmen kann sehr einfach seine Logistik auf Rumänien übertragen, im Bereich der Werte aber, wo es um Menschen geht, ist das nicht so einfach. Dort muss man den mühsameren Weg des Zusammenlebens und vieler gemeinsamer Erfahrungen beschreiten.

Ein friedliches Europa heißt für mich, Respekt voreinander zu haben und einen Weg zu suchen, wie man miteinander leben kann, ohne die Unterschiede zu leugnen. „Meine" Rumänen erklären mich oft für verrückt, weil ich immer nur Abrechnungen und Leistungen und Ergebnisse will, ich wiederum schüttle über sie den Kopf, weil sie keine Vorstellung davon zu haben scheinen, wie hart wir für unser Geld arbeiten müssen. Aber dann bin ich wieder überwältigt von ihrer Gastfreundschaft, ihrer Großzügigkeit, ihrer Gefühlsbetontheit und Religiosität, Eigenschaften, die bei uns zum Teil fehlen und von denen wir dringend mehr bräuchten.

Hier kommt mir der große Brückenbauer Kardinal König in den Sinn, dessen Neugier auf das Fremde nie aufgehört hat. Er meinte oft, je mehr Neues er kennen lerne, desto stärker spüre er seine eigene Identität. Seine Toleranz war keine Gleichmacherei, sondern ein Staunen über die Unterschiedlichkeit, das ihn immer mehr zu sich selbst finden ließ. Diese Neugier, dieses Staunen lassen uns wachsen.

## *Diener der Freude*

Wer ist heute nicht unzufrieden? Über die Moral in der Politik, über die Umweltzerstörung, über die Beziehungskultur, über die Situation in der Kirche? Doch Unzufriedenheit ist auch ein Lebenszeichen. In ihr steckt die Kraft zum Aufbruch und zur Veränderung. Deshalb können wir wenigstens über die Unzufriedenheit zufrieden sein. Denn sie zieht alle Richtungen und Parteien in einen Wettstreit, wer nun von ihnen dem Menschen heute mehr hilft. Die Frage ist nur, wie wir auf diese Unzufriedenheit reagieren.

**Unzufriedenheit ist auch ein Lebenszeichen. In ihr steckt die Kraft zum Aufbruch und zur Veränderung.**

Vorrang hat dabei die Jugend. Helfen wir ihr durch moralische Aufrüstung? Indem wieder mehr gefordert und mutiger gesagt wird, was richtig und was falsch ist, ohne Kompromisse unter dem Deckmantel der Menschlichkeit? Oder ist heute umgekehrt moralische Abrüstung der Weg, um die Moral zu verbessern? Weil wir schon überfordert sind von Leistungsdruck, Informationsflut und Konsumangebot, aber auch durch moralischen Druck und soziale Beanspruchung von allen Seiten?

Wir brauchen dringend eine Entlastung. Wer heute dem Menschen noch mehr Lasten auferlegt, läuft Gefahr, bedrohtes Leben auszulöschen, statt es zu schützen und zu stärken. In der Depression sind wir berufen, Diener der Freude zu sein. Dazu ein Beispiel:

**In der Depression sind wir berufen, Diener der Freude zu sein.**

In einem Jugendhaus finden Menschen Aufnahme, die sehr geschwächt oder geschädigt sind. Sie kommen von der Straße, aus der Drogenszene, dem Gefängnis, der Psychiatrie, dem Heim. „Ich bin fertig", hört man oft von diesen Jugendlichen. Auch die Helfer in diesem Haus sind meist junge Menschen. Sie sind aus anderen Gründen unzufrieden. Sie haben die Zufriedenheit anderswo nicht ausgehalten, einem falschen Frieden misstraut. Deshalb sind sie zu Helfern ihrer Altersgenossen geworden. Nicht durch Predigen und Moralisieren, nicht durch Schwärmerei über berufliche Karriere, christliche Familie und selbstgewisse Bürgerlichkeit helfen sie ihnen, obwohl sie selbst aus soliden Verhältnissen kommen und dankbar dafür sind, ja durch ihre Mitarbeit noch dankbarer werden.

Was sie tun, ist einfach: Sie teilen das Leben mit den Benachteiligten. Durch täglichen Kontakt finden sie zu Sicherheit und Vertrauen jenen gegenüber, die ihnen fremd und unheimlich waren. Nun können sie dem benachteiligten Freund sagen: Es ist egal, woher du kommst, wir haben einen Platz für dich. Unser Haus ist auch dein Haus. Du kannst etwas im Haushalt tun, bei der Aufnahme und Betreuung der anderen, in Dankbarkeit gegenüber den Spendern. Wir brauchen dich und deine Mitarbeit. Bei diesem gemeinsamen Tun können die Helfer die Fortschritte sehen. Wenn einer drei Monate lang nicht abstürzt, wenn einer seltener ins Gefängnis kommt, wenn einer weniger aggressiv wird, wenn einer von sich zu erzählen beginnt, auf ein eigenes Zimmer spart, wieder auf Sauberkeit und Kleidung Wert legt, wenn er plötzlich zu den Helfern nicht mehr „ihr", sondern „wir" sagt. Wer solche Erfahrungen macht, spürt die Kraft eines Glaubens, der keinen aufgibt.

Von einem solchen Jugendhaus wage ich zu sagen, dass sich Betreuer und Betreute gegenseitig auf dem Weg der Zehn Gebote voranbringen. Wenn sie selten oder nie von den göttlichen oder kirchlichen Weisungen reden, heißt das nicht, dass sie diese nicht hoch schätzen. Das Gegenteil ist richtig: Die Kraft der Gebote, deren Größe ihnen Schweigen auferlegt, verbindet die unterschiedlich begabten Gruppen. Die Gebote bestimmen für alle Ziel und Weg. Sie halten unsere Achtsamkeit auf die persönlichen Entwicklungen hin zu den göttlichen Zielen wach.

Ja, Aufbrüche gibt es. Haben wir ein Auge darauf, haben wir Vorbilder und sehen wir uns selbst mit mehr Selbstkritik. Interessieren wir uns aber mehr für Skandale und Misserfolge, dann können wir moralisieren und von anderen verlangen, sie müssten, sie sollten. So jedoch entsteht eine Scheinmoral, die sich wie eine schwere Decke über das ganze Leben legt. Moralisieren verhindert geradezu den Aufbruch zu innerer Erneuerung. Doch Vorbilder wie Skandale sind befreiend, wenn sie die Anerkennung des anderen im Auge behalten, zu Selbstkritik und eigener Veränderung Anlass geben.

Wodurch kommen junge Menschen zu Umkehr und Aufbruch?

Sie lernen die andere Seite des Lebens kennen und grenzen die Fremden nicht aus. Angst verwandelt sich in gegenseitige Erwartung, an die Stelle von Aggression tritt ein Lernprozess. In ihm wächst das Vertrauen.

Sie achten auf das Gute, das schon geschieht, und lernen es segnen. Das erübrigt manche Kritik und begünstigt das Wachstum des anderen. Er wird sich selbst ändern, ich muss es nicht machen. Mein Leistungsdruck fällt weg und Hoffnung bleibt auch in schwierigsten Situationen.

Alle erleben unmittelbar, dass sie gebraucht werden. Ihre Arbeit ist keine Frage von Lust oder Arbeitstherapie, ihr Tun ist notwendig. Wer so direkt gebraucht wird, entdeckt dabei seinen Wert und seine Kräfte. Die Unsicherheit vergeht, das Selbstbewusstsein erstarkt.

Was am Rande unserer Gesellschaft gelingt, müsste in ihrer Mitte noch viel leichter sein. Vielleicht können wir in Familien und Gemeinden von den Randgruppen lernen, dass es um Entlastung geht und nicht darum, dass wir uns durch weitere Forderungen, Moralpredigten, Schuldzuweisungen und Gebotskataloge gegenseitig klein und fertig machen. Vielmehr dürfte in der Belastung heutigen Lebens der achtsame Blick auf das, was an Gutem noch da und an Aufbrüchen sichtbar ist, das Wichtigste sein. Möglich, dass unsere Ideale und Glücksvorstellungen nur in bescheidenem Ausmaß zu verwirklichen sind. Umso mehr sollten wir den Menschen ermutigen, die Glut unter der Asche aufzudecken und das Feuer der Liebe neu zu entfachen.

Solche Befreiung haben die Jünger bei Jesus gefunden. Sie durften in Freundschaft mit ihm leben und das Vertrauen genießen. Jesus hat sündige und einfache Menschen groß gemacht. Sie konnten bei ihm lernen, sogar aus ihren Fehlern und ihrer Schuld. Es ist das Geheimnis Jesu, dass er junge Menschen zu Aposteln gemacht hat. Apostel sind befriedete und befreite Menschen, die der Welt etwas zu bringen haben. Die Christlichkeit der innerkirchlichen Gruppen erweist sich im Apostolat, im Dienst an den Menschen in unserer Welt.

## *Straßenkinder bringen die Familie zum Leuchten*

Eines Tages hatte unser Iulian einen dringenden Wunsch. Er wollte den österreichischen Botschafter in Rumänien sprechen, in einer wichtigen Angelegenheit, die er nicht verraten wollte. Als er nicht weiterkam, versuchte er es, indem er Ruth ins Vertrauen zog. Er holte sein Taschentuch aus der Hose, darin hatte er fest verknotet eine Schillingmünze. Diesen seinen Schatz wollte er auf eine österreichische Bank bringen, wo er viele Zinsen bekommen werde. Wöchentlich werde er nur das Allernotwendigste abheben, den ganzen Rest aber spare er für die Zukunft, erklärte er seine geheimen Pläne. „Ich muss für meine Mutter und meine Schwester sorgen, die noch in der Toilette am Bahnhof leben."

Bei dieser Geschichte musste ich an unser damaliges Jahresmotto denken: „Der Wind weht, wo er will." Aus Iulian, der ursprünglich auf der Straße gelebt hatte, war ein sauberes Bürschlein geworden, das auszudrücken wusste, was es wollte. Er verstand es, Menschen zu gewinnen. Nun plante er die Zukunft, nicht für sich, sondern zuerst für seine kranke Mutter und die kleine Schwester. Wirkte in ihm nicht der Geist Gottes?

Iulians Schillingmünze bewirkte, dass wir Anfang 1995 auf wunderbare Weise zu einem Haus kamen. Seine Geschichte, die ich in meinem Rundbrief an unsere Wohltäter und Spender erzählt hatte, hatte viele Herzen bewegt, sodass wir um 17.000 Dollar ein altes Haus kaufen konnten. Dort wohnten dann Iulians „Schützlinge". Dazu konnten wir noch eine allein stehende Mutter mit sechs Kindern aufnehmen. Am 24. Dezember waren sie vom neuen Besitzer ihrer Mietwohnung auf die Straße gesetzt worden. Der siebenjährige Dani bettelte bei Eiseskälte für die Familie um Essen. So kamen wir am Heiligen Abend 1994 zu unseren „Christkindern" und schließlich zum Haus „Casa Dominic", das bald voller Leben war.

Das Geschenk der Straßenkinder an uns: Wie niemand anderer haben sie mich an die Wurzeln der Solidarität geführt. Sie bringen die Familie zum Leuchten. Sie fordern uns heraus, auf unsere familiären Räume zu achten und sie zu schützen. Und helfen können wir ihnen nur, indem wir ihnen eine Familie geben, auch wenn es nur ein Ersatz sein kann.

**Das Geschenk der Straßenkinder an uns: Wie niemand anderer haben sie mich an die Wurzeln der Solidarität geführt.**

Die äußere Obdachlosigkeit der Armen hat die innere Obdachlosigkeit der Reichen aufgehoben.

## *Prophetenschulen für Europa*

Bei meiner Primiz wurde aus dem Evangelium unter anderem das Wort gelesen: „Was ihr dem Geringsten meiner Brüder getan habt, das habt ihr mir getan." Ich ahnte damals nicht, dass das der Weg sein würde, auf dem mir Jesus so tief und unübersehbar begegnen würde – in den Straßenkindern von Bukarest, die Hoffnungskinder geworden sind.

Costel war ein solches Straßenkind. Vor Jahren fand ich ihn in einer großen Sandkiste, wo er mit zwei Freunden übernachtet hatte. Auf meine Frage „Willst du mit in ein Kinderhaus?" wollte er zuerst nicht mitgehen, weil er eben erst aus schrecklichen Heimen weggelaufen war. Dann schaute er mich skeptisch an und sagte: „Ich gehe mit, aber nur, wenn ich meine zwei kleinen Freunde auch mitbringen darf."

So kamen die drei Buben ins Kinderhaus. Costel schloss die Schule ab und machte eine Bäckerlehre. Schließlich konnte er bei einer internationalen Lebensmittelkette in der Feinkostabteilung arbeiten und war stolz auf seine Arbeit. So stolz und dankbar, dass er am Anfang darum bat, ob er nicht am Wochenende im Arbeitsmantel nach Hause und in die Kirche gehen könnte.

Costel ist heute ein Vorbild für die über vierhundert Kleinen, denen CONCORDIA in den Häusern Wohnung gibt. Aber obwohl er das alles so gut geschafft hat, blieb eine Wunde: Jahrelang fragte er nach seinem Vater und seiner Mutter, aber es gab keine Spur.

Eines Tages jedoch entdeckten wir zufällig, dass seine Mutter in einem psychiatrischen Krankenhaus lebte. Ein Erzieher fuhr mit Costel dorthin, ins Landesinnere, Stunden von Bukarest entfernt. Seine Mutter, ein Häufchen Elend, sah ihren Sohn groß an. Der erste Satz, den sie zu ihrem immerhin schon sechzehnjährigen Sohn sagte, lautete: „Hast du Zigaretten mitgebracht?" Das war das Einzige.

Später erzählte uns Costel von dieser Begegnung: „Sie ist ganz klein geworden." Er sprach milde und ohne Vorwurf von seiner Mutter, betete oft für sie. Eines Tages sagte er im Gottesdienst bei den Fürbitten den Satz: „Lieber Gott, ich danke dir für meine Mutter, weil sie mich neun Monate lang so wunderbar behütet hat."

Ich glaube, das ist das Geheimnis, warum Costel sein schweres Schicksal auf der Straße bewältigt hat und ein so starker und tüchtiger Junge wurde: weil er – trotz allen Elends – einen Blick für das Glück in seinem Leben hatte, einen Blick für die neun Monate. Ich glaube, sein Geheimnis besteht darin, dass er danken kann. Und vielleicht auch darin, dass er die zwei Kleinen mitnehmen wollte und heute für sie ein Vorbild ist. Weil er ein Hirte ist.

Danken und Hirte-Sein haben ihn das Schwere bewältigen lassen und ihn zu einem starken Burschen gemacht, ein Bild für das, was in Rumänien heute geschieht: ein Land im Aufbruch, ein Land voller Hoffnung und ein Land, das in Europa eine Rolle spielen will mit seiner starken Religiosität, mit tüchtig gewordenen Straßenkindern, die zu Hoffnungskindern wurden, und auch mit Klöstern und Priesterseminaren, die lebendig und voll sind.

Ich weiß, dass unsere Kinder für das, was im menschlichen Leben letztlich Geborgenheit ist, ein besonders tiefes Gespür haben. Wenn ich im Gottesdienst manchmal – es ist beinahe ein Spiel geworden – das sage, was jener Besucher sagte: „Ihr seid arm, ihr habt keinen Vater, keine Mutter", dann protestieren sie: „Wir haben doch alle einen Vater im Himmel und Maria ist unsere Mutter!" Das Spiel funktioniert immer und erinnert mich an die Geborgenheit, die uns allen geschenkt ist, vielleicht besonders dort, wo die menschlichen Bindungen und Beziehungen am Ende oder an der Grenze sind. In Gott, in seiner Barmherzigkeit sind wir geborgen.

Der Prophet Elija hatte viele Jünger. Er war ihr Hirte, er war mit ihnen unterwegs, er wurde gemeinsam mit ihnen verfolgt. Die Straßenkinder sind für mich etwas wie die Prophetenschule des Elija. Denn dort habe ich gelernt zu danken, dort spüre ich, wie wunderbar es ist, Hirte für einen anderen zu sein, und dass wir immer und vor allem in der Not mit der Geborgenheit in Gott rechnen dürfen.

Vor Jahren haben wir in Wien begonnen, mit einem geschenkten Bus zu den Bahnhöfen zu fahren, um den Armen und Obdachlosen Essen zu bringen. Zu Ehren des heiligen Petrus Canisius nannten wir den Bus „Canisiusbus", doch schon am ersten

Abend tauften ihn die Obdachlosen liebevoll „Canisibus". Und so heißt er und lebt er noch heute. Damals wollten wir den Obdachlosen in den kalten Nächten heiße Suppe austeilen. Wichtiger aber noch war die Wärme der Freundschaft, die wir ihnen geben konnten und – vor allem – die wir von ihnen empfangen haben. Kein Wunder, dass wir bald mehr Helfer hatten als Obdachlose.

Dieser Canisibus ist eine Prophetenschule, die alle in Wien heute einlädt, mitzutun, um das zu lernen, was man in einer Prophetenschule lernen kann: zu danken, Hirte zu sein und um die Barmherzigkeit Gottes zu wissen.

Für Österreich, für Europa und vor allem für die Jugend habe ich einen großen Traum: dass jeder das Tor in eine der vielen vorhandenen Prophetenschulen öffnet und dort eintritt. Dann werden wir zu selbstbewussten, starken, politischen Menschen, die diese Welt verändern können, weil wir die besten Lehrer haben: die Armen und die Schutzbedürftigen.

---

### COSTEL SECARA, 23 JAHRE, EHEMALIGES STRSSENKIND, JETZT MITARBEITER IN EINEM INTERNATIONALEN UNTERNEHMEN

*Ich habe geweint, als ich von meiner Mutter nach Hause gefahren bin. Sechzehn Jahre war ich alt, als ich sie das erste Mal gesehen habe. Ein Mitarbeiter von* Concordia *hat über die Polizei herausbekommen, wo sie ist. Mein erster Gedanke war damals: Ich habe eine Mutter? Bis dahin hatte ich nie daran gedacht, dass ich echte Eltern habe, eine Mutter, die mich neun Monate in ihrem Bauch getragen hat.*

*Wir sind die ganze Nacht im Zug gefahren und ich habe immer versucht, mir vorzustellen, wie das ist, plötzlich vor der eigenen Mutter zu stehen. Es hat mich total hergenommen und mein Herz geöffnet. Sie ist krank im Kopf und mit den Nerven und lebt in einem Spital. Als wir angekommen sind, hat die Krankenschwester zu ihr gesagt: „Dein Sohn besucht dich." Sie hat Eusebiu, den Erzieher, umarmt. Die Kranken-*

*schwester hat gesagt: „Nicht der, der andere ist es." Dann hat sie mich umarmt und nur eines gefragt: Ob ich Zigaretten für sie habe. Meine erste Frage war: „Warum hast du mich ins Heim gegeben? Warum hast du mich geboren, wenn du mich nicht wolltest?" Heute verstehe ich sie. Sie konnte nicht anders. Der Vater hat getrunken, war immer auf der Straße und sie hatte kein Geld. Es gab keine Möglichkeiten.*
*Ich habe noch drei Geschwister. Beim nächsten Besuch frage ich sie, wo sie sind. Vielleicht in einem Heim; ich will sie kennen lernen. Es ist schwer, mit der Mutter zu reden, es hat keinen Sinn, weil sie so krank ist. Sie braucht Hilfe. Ich werde sie wieder besuchen, aber leben kann ich nicht mit ihr. Ich achte sie als Mutter, aber gelebt habe und aufgewachsen bin ich mit euch in* CONCORDIA*. Ihr seid meine Familie. Tag und Nacht war ich so viele Jahre mit euch, wir kennen uns, wir gehören wirklich zusammen.*
*Man hat mir erzählt, dass ich nach der Geburt im Krankenhaus zurückgelassen wurde. Dann bin ich in ein Heim für Babys gekommen. Mit fünf Jahren haben sie mich in ein anderes Heim gebracht und mit sieben in eines für größere Buben. Immer waren wir über dreihundert Kinder und es war schrecklich. Jedes Mal, wenn ich versetzt wurde, habe ich gedacht, schlimmer kann es nicht kommen, und habe gehofft, dass ich aus der Hölle rauskomme. Aber es war umgekehrt. Überall Schlägereien, die Größeren haben die Kleineren unterdrückt und fertig gemacht. Sie haben uns das Essen vom Teller genommen und ich hatte immer Angst. Auch ich war frech und habe die Schwächeren gequält. Zu den Erziehern konnten wir nichts sagen, denn das haben die Großen erfahren und dann war's noch viel schlimmer. Wir sind in das „schwarze Zimmer" gekommen, buff buff – du warst fertig danach. Dreimal habe ich versucht wegzulaufen, sie haben mich wieder gefangen, die Erzieher oder die Polizei. Mit den Stöcken haben sie uns auf die Fußsohlen geschlagen, bis wir nicht mehr gehen konnten, wochenlang, und uns auf den Kopf geprügelt. Wir waren blutig und verschwollen. Beim vierten Mal habe ich es geschafft, da war ich alleine. Es war Winter. Nachts bin ich im Pyjama aus dem Fenster und über den*

*großen Betonzaun. Barfuß bin ich bis nach Iaşi gekommen, da hat mich die Polizei geschnappt. Ich musste ihr Büro sauber putzen, dann haben sie mich geprügelt und – Gott sei Dank – laufen lassen.*
*Ich habe Freunde auf der Straße gefunden, wir suchten im Keller eines Wohnblocks Unterschlupf. Es war sehr kalt und wir haben ein Feuer gemacht. Dann sind die Flammen auf Autoreifen und anderes übergesprungen, es war ein Riesenbrand. Wir sind schnell weggelaufen, wie die Ratten, die sich für nichts interessieren. Vielleicht ist das ganze Haus abgebrannt? Dann bin ich auf einen Zug aufgesprungen, auf das Dach eines Lastwaggons. Es war eiskalt und ich total durchgefroren. In Bukarest war Endstation. Am Bahnhof habe ich andere Kinder gesehen. Auch hier haben wir uns geprügelt und ich habe einem Kleineren die Kleider genommen, damit ich es warm hatte. Damals war ich acht Jahre alt. Wir sind in Läden eingebrochen und haben gestohlen. Ich habe nur Essen genommen, von Geld hatte ich noch keine Ahnung, da war ich noch zu jung. Ich wollte nur den Hunger stillen. Oft hat uns die Polizei geschnappt, eingesperrt, verprügelt und wieder laufen lassen. Aurolac habe ich nie genommen, weil mir von diesen Drogen gleich schlecht geworden ist. Über ein Jahr habe ich so am Bahnhof gelebt. Es war alles schon normal.*
*Dann sind wir uns begegnet, das vergesse ich nie. Ich hatte keine Schuhe an und bin vom Bahnhof zur Metro hinuntergegangen. Pater Georg und Ruth sind von unten heraufgekommen, mit ein paar Kindern. Sie haben mich gefragt: „Willst du mit uns kommen?“ Ich habe gefragt, wohin. „In ein Kinderheim.“ „Nein“, habe ich gesagt. Nie wieder wollte ich in ein Heim, ich habe mir nicht vorstellen können, dass es auch gute Heime gibt. Sie haben gesagt: „Komm mit, du wirst sehen.“ Ich bin mitgegangen, was sollte ich sonst machen? Nur am Bahnhof sein? Ich kann ja sofort wieder weglaufen, wenn es mir nicht gefällt. Ich habe mich sehr komisch gefühlt, habe nicht gewusst, was mich da erwartet.*
*Ich bin mit ins Haus; es war klein und ganz anders als meine früheren Heime. Viele Kinder waren dort, es war ganz voll. Manche habe ich sogar gekannt. Allen ist es so gegangen wie mir, genauso elend waren*

*sie. Zuerst haben mich die Erzieher gebadet, dann habe ich Kleider und ein Bett bekommen. Und dann haben sie mir die Haare geschnitten. Sonst haben sie mir immer eine Glatze geschnitten, das war schrecklich. Ich wollte damals noch ein Schwänzchen hinten behalten, als Erinnerung an die Vergangenheit. Und dann kam die größte Überraschung meines Lebens: Ich durfte das Schwänzchen behalten, obwohl es ein verrückter Wunsch von mir war. Das erste Mal konnte ich sagen, wie ich aussehen wollte. Es war alles so neu und anders. Tanti hat für uns gekocht. Ich war am liebsten in ihrer Nähe. Von ihr habe ich viel gelernt.*

*Ich muss zugeben, einmal bin ich auch hier weggelaufen. Ich habe gehört, dass Erzieher vom staatlichen Heim in Iaşi kommen und mich zurückholen wollen. Nach drei Tagen bin ich wiedergekommen, als die Luft rein war. Ich habe gewusst, dass ihr glaubt, ich komme nicht mehr, und dass ihr den Leuten sagt, der ist für immer weg. Ich habe zu euch Vertrauen gehabt. Ich wusste, dass ihr mich nicht dorthin zurückschickt.*

*Mir ist es sehr gut gegangen bei Concordia. Ich habe die Schule abgeschlossen und auf der Farm die Bäckerlehre gemacht. Seit eineinhalb Jahren wohne ich selbstständig in der Wohngemeinschaft und arbeite im Supermarkt. Ich bin sehr dankbar, dass ihr mir so weit geholfen habt. Ich bin mit meinem Leben sehr zufrieden. Ich hoffe, dass ich es bald schaffe, eine eigene Wohnung und eine Familie zu haben. Was Gott mir geben will, gibt er mir. Vielleicht hat er auch einmal einen kleinen Hof mit einer Kuh und einem Schwein und einem Garten für mich, sodass ich mich selbst erhalten kann. Mein Traum ist ein riesengroßes Gewächshaus, damit ich Gemüse anpflanzen kann. Wir werden uns nie mehr trennen und wirklich eine Familie bleiben. Das Vertrauen ist das Wichtigste: dass wir immer helfen, wenn einer den anderen braucht. Und wenn ein paar Schwierige dabei sind, machen wir sie normal. Wir lassen keinen fallen, das ist unsere Aufgabe.*

---

## *Wie aus Konflikten Gutes werden kann*

Konflikte muss man nicht suchen, man hat sie. Sie entstehen, wenn unterschiedliche Menschen und Meinungen aufeinander stoßen. Aus Konflikten kann ein menschlicher und wissensmäßiger Fortschritt werden. Natürlich können Konflikte auch belasten und zerstören. Ob sie positiv oder negativ wirken, hängt davon ab, mit welcher Grundhaltung ich Konflikte durchstehe. Kann ich glauben, dass aus der schmerzlichen Spannung Neues entsteht? Weiß ich um meine tiefen Wurzeln, die mich tragen, wenn ich dem Anderen und Fremden begegne? In dieser Begegnung kann ich auf die Liebe aufmerksam werden, zu der ich fähig bin. Ein solcher Optimismus lässt in Konflikten Gemeinschaft entstehen, die sich aus dem Zueinander verschiedener Charismen aufbaut. Konflikte vertiefen die Gemeinschaft und stärken die einzelne Persönlichkeit. Ich erlebe die Veränderung, das Abenteuer, dass ich unterwegs bin – getragen von einer alles umfangenden Liebe.

Welche positiven Möglichkeiten tun sich im Konflikt auf? Worauf ist beim Umgang mit Konflikten zu achten?

Ich kann mich selbst kennen lernen. Ich spüre meine Ängste und Aggressionen. Mein Innenleben ist wach. Ich lerne Gefühle zuzulassen.

Ich lerne den Umgang mit Aggressionen von meiner und von fremder Seite. Triebe wie Hunger, Sexualität oder Macht kann man sublimieren; sie sind die Kraft, sich auf höhere Ziele auszurichten.

Ich finde meine eigene Rolle, meine Selbstständigkeit. Ich erkenne meine Möglichkeiten und meine Grenzen. Ich lerne, mich selbst anzunehmen.

Ich gewinne tiefere Einsicht in eine Sache, mein Horizont wird erweitert.

Ich kann von mir selbst wegkommen, ich werde von meinem Egoismus befreit. Ich gewinne Überblick. Ich erkenne andere Positionen und kann dadurch meine eigenen relativieren. Ich werde offener.

Ich lerne das Fremde zu ertragen, anzunehmen und zu lieben. Ich lerne den anderen besser kennen. Ich kann ihm weiterhelfen. Ich lerne Toleranz. Ich spüre, dass wir immer unterwegs sind. Nichts ist abgeschlossen. Ich gewinne die Demut, mich selbst zu ändern.

Es ist eine Herausforderung, Frieden zu stiften; Möglichkeiten, zu verzeihen, tun sich auf. Ich werde friedfertiger. Ich werde gemeinschaftsfähiger.

Ich wachse im Glauben. In der Erfahrung des Kreuzes spüre ich die Nähe zu Jesus, der verfolgt und geschmäht wurde.

Für den Umgang mit Konflikten gibt es praktische Ratschläge, die helfen, im Streit und in der Auseinandersetzung die positiven Möglichkeiten zu sehen und zu nützen.

Es hilft zu hören, was der andere sagt, seine Argumente ernst zu nehmen, den Verstehenshorizont des anderen zu beachten und zu berücksichtigen. Es ist ein Unterschied, ob ein Russe oder ein Amerikaner, ein Jude oder ein Christ, ein Protestant oder ein Katholik, ein Gesunder oder ein Verletzter, ein Junger oder ein Alter spricht.

Es hilft, die Gefühle und die Sache zu unterscheiden. Beides ist ernst zu nehmen. Beachten, dass es immer auch um eine Beziehung geht, nicht nur um einen Inhalt. Die Beziehung ist das Wichtigere. Recht zu bekommen und dabei einen Freund zu verlieren ist kein Gewinn.

Es hilft, das Problem auszusprechen, die unguten Gefühle zu benennen, die Streitfrage zu begrenzen, sie nicht durch allgemeine und grundsätzliche Aussagen zu verdecken. Es ist wichtig, beim Thema der Auseinandersetzungen zu bleiben. Der Konflikt darf nicht ein Gewicht bekommen, das ihm nicht zusteht.

Es hilft, jemandem vor der Kritik an ihm zuerst eine Zusage zu machen. Der andere muss spüren können, dass die Kritik wohlmeinend ist. Deshalb soll die Zusage stärker sein; ihr gegenüber darf die Kritik nur einen kleinen Punkt betreffen, nie den ganzen Menschen.

Wie steht es mit der Bereitschaft, Konsequenzen für die eigene Lebensgestaltung zu ziehen? Wie mit dem Vermögen, die eigene Position und sich selbst zu ändern?

Es hilft, nicht im Zorn Stellung zu nehmen. Wer unglücklich ist, lege sich nicht fest, sondern schlafe erst darüber. Die Zeit ist wichtig, sie kann beruhigen und heilen. Vielleicht gilt es zu warten und Zeit vergehen zu lassen.

Es hilft, das Gespräch mit einem Dritten zu suchen; Bericht und Supervision sind eine gute Unterstützung.

Wenn Emotionen wach geworden sind, wenn wir den anderen verletzt haben, können wir uns trösten: Der andere hat uns darin als schwach und menschlich erlebt. Vielleicht kann er jetzt seinen eigenen Wert besser sehen.

Wir dürfen immer an das Gute im Menschen glauben. Der andere hält mehr aus, als wir denken. Er sehnt sich nach dem Frieden. Er ist nicht so böse, wie wir denken.

Seien wir offen für das Unberechenbare, lassen wir uns überraschen und beschenken.

## *Drei Regeln zum Glück*

Ich stelle mir die Spiritualität wie ein riesengroßes Fass vor, gefüllt mit Wein. Wein ist nach der Bibel der Trank der Freude. Was aber nützt ein riesiges Fass, wenn es keine Öffnung hat? Das Fass öffnet sich dem Menschen, der über die Frage nachzudenken beginnt: Wer braucht mich? Und wenn er sie gefunden hat, kann er weiterfragen: Was ist es, was sie von mir brauchen? So öffnet sich dieses Fass noch weiter und spendet seinen kostbaren Inhalt – Spiritualität. Was herausfließt, ist das, was ich brauche. Paulus nennt: Liebe, Langmut, Freude, Friede, Freundlichkeit, Güte, Treue, Sanftmut und Selbstbeherrschung. (Gal. 5,22.)

Es ist eine Kunst, jene zu finden, die mich brauchen. Das hängt mit zwei Dingen zusammen: mit meinen Fähigkeiten, mit dem, was ich bin, und mit der Not, die mir begegnet. Mein Ratschlag an junge Leute, die nach einer Berufsorientierung suchen, lautet: Frage nicht, wozu du Lust hast, sondern danach, wo die Not am größten ist. Wo werde ich gebraucht? Du kannst es lernen, den Ruf zu hören, deine Berufung zu entdecken. So wirst du den richtigen Beruf, Erfüllung und Glück finden.

**Mein Ratschlag an junge Leute, die nach einer Berufsorientierung suchen, lautet: Frage nicht, wozu du Lust hast, sondern danach, wo die Not am größten ist.**

Dieser Ratschlag für die Jugend gilt auch für die Politik, für Institutionen, für die Kirche. Die ständige Frage an alle lautet: „Wer braucht uns heute?“ Das kann unter Umständen ungemütliche Veränderungen bedeuten, aber auch zu neuen Aufbrüchen und neuen Aufgaben führen.

In der Pfarre Lainz in Wien, wo ich in den Achtzigerjahren arbeitete, hatten wir mehrere Jugendgruppen. Eines Tages kam die beste Gruppe zu mir und sagte: „Wir sind zwölf, das ist schon zu viel, und einer ist schwierig, der zerstört uns alles.“ Ich nahm den einen Störenfried aus der Gruppe und versetzte ihn in eine andere. Eine Woche später kam dieselbe Gruppe wieder zu mir: „Wir haben noch einen schwierigen Fall. Den müssen wir unbedingt loswerden.“ Als sie dann das dritte Mal kamen, fürchtete ich, dass von der Gruppe bald nichts mehr übrig bleiben würde. Hier habe ich das Prinzip gelernt: Wenn du die ausschließt, die dich brauchen, gehst du selbst zu Grunde. Tatsächlich löste sich die Gruppe auf, obwohl sie die stärksten Mitglieder hatte. Von da an gab ich Jugendlichen, die sich über einen Schwierigen beschwerten, zur Antwort: „Wunderbar. Um den müsst ihr euch kümmern.“ Wenn eine Gruppe das tat, ist sie so gewachsen, dass ich schließlich zwei daraus machen musste.

Als ich nach Rumänien kam, war ich am Bahnhof in Bukarest sofort von einer riesigen Schar Kinder und Jugendlicher umringt, drogensüchtig, verzweifelt, krank, verwildert, gewalttätig. Sie schnüffelten Lack, kämpften und testeten, ob ich Angst hätte. Die hatte ich natürlich; aber zum anderen spürte ich trotzdem auch das Glück darüber, dorthin geschickt worden zu sein. Zu Kindern, die mich tatsächlich brauchten. Ich war am richtigen Ort.

Das Prinzip, auf den Schwächsten zu achten, habe ich von der Jugendarbeit zu den Straßenkindern mitgenommen. Es gibt auch hier behinderte, autistische Kinder, die ausgestoßen wurden und besonders schwierig sind. Manchmal frage ich die Kinder, die in unseren Häusern zusammenleben, fast spielerisch: „Wer ist der Wichtigste in eurer Gruppe?" Mittlerweile kennen sie alle die Antwort: „Unser behindertes Kind."

Jesus war hungrig, durstig, fremd, obdachlos, nackt, krank und gefangen. Er identifizierte sich mit dem Geringsten und sagte: „Was ihr dem Geringsten meiner Brüder getan habt, das habt ihr mir getan." Die zu seiner Rechten nennt er Gerechte. Sie sind jene, die auf die Frage hören: „Wer braucht mich?" Die auf der linken Seite haben diese Frage überhört. Sie haben sich selbst gerichtet, weil sie Jesus nicht in denen gesucht haben, die sie brauchten. (Mt. 25,31–46.)

Gerne denke ich an ein Buch des großen Jugendseelsorgers Pater Sigmund Kripp: „Hören, was die Jungen sagen." Wer diesem Prinzip folgt, hat immer ein Programm für die Jugend und für die Sozialarbeit. Stellen Sie sich ein bettelndes Kind vor, das vor Ihnen steht und Hunger hat – und Sie sind wild entschlossen, Rosenkränze zu verteilen. Oder umgekehrt: Sie begegnen jemandem, der darunter leidet, dass er zu dick ist und der nach dem Sinn des Lebens sucht. Aber Sie trauen sich nicht, über Religion zu reden, sondern wollen ihm etwas zu essen geben. Entscheidend ist also die Frage: „Was brauchen sie von mir?" Es ist eine Kunst, diese Frage zu stellen, eine dauernde Meditation, die uns in Bewegung hält und den Weg zur Quelle der Spiritualität öffnet.

Im Evangelium begegnen wir Jesus, der den Vater im Himmel preist. Wir hören das Wort des glücklichen Jesus, nicht des kämpfenden und leidenden. Er ist glücklich, weil er in diesem Moment erlebt, wie groß seine Berufung, seine Würde, seine Aufgabe und seine Zukunft sind. Im Augenblick des Glücks spürt Jesus, wie der Vater ihn kennt, liebt, ihn annimmt und trägt. Ein Grund zu jubeln, wenn man sich so geliebt und angenommen fühlt. Jesus weiß um seine Aufgabe, allen Menschen, die auf der Suche und verloren sind, Gott den Vater zu offenbaren. Er möchte mit uns dieses Glück teilen und gibt uns im Evangelium gleichsam Regeln, wie auch wir zu diesem Glück finden.

Die erste Regel ist die Dankbarkeit. Wenn wir manchmal innehalten und den Augenblick genießen, spüren wir, welche Würde, welche Rolle, welche Aufgabe, welche Zukunft Gott uns geschenkt hat. Dass wir da sein dürfen. Dass wir diese Gemeinschaft haben. Dass wir Gott kennen und dass er uns kennt. Durch Jesus kennt mich Gott ganz persönlich. Er liebt mich. Er nimmt mich an, so wie ich bin, mit Stärken und Schwächen.

Wenn ich weiß, was ich tun kann, wenn ich eine klare Aufgabe habe und gebraucht werde, dann ist das eine Quelle der Dankbarkeit und des Glücks. Der heilige Ignatius hat den Jesuiten aufgetragen, auf eines nicht zu verzichten, selbst wenn sie einmal nicht zur Messe kommen können: mittags und abends Dank zu sagen für die empfangenen Wohltaten. Dieser Dank, dieser Lobpreis für das, was Gott uns jeden Tag gibt, ist die wichtigste Quelle des Glücks. Das ist die erste Regel, die uns Jesus gibt, um uns anzustecken: Gott preisen in unseren Lebensaufgaben, weil er uns braucht, so wie wir sind.

Die zweite Regel ist die Mühe. „Kommt alle zu mir, die ihr euch plagt und schwere Lasten zu tragen habt!“ So lautet die Einladung Jesu. Welches Glück gibt es in der Welt, ohne dass sich der Mensch abmüht? Vielleicht ist es wie das Gipfelerlebnis beim Bergsteigen. Ich kann mir nicht vorstellen, dass man dasselbe empfindet, wenn man mit dem Helikopter oben landet. Wer sich am Abend nach einem schweren Tag hinlegt, weil er seinen Dienst getan hat und müde ist, dem gilt die Verheißung Jesu: „Ich will euch Ruhe geben." Eine Ruhe, die von innen und nicht von außen kommt, eine Ruhe, die nicht vom Erfolg abhängig ist. Er schenkt seinen Frieden denen, die arbeiten, fleißig sind und ihren Dienst tun.

Die dritte Regel ist das Lernen. Wer lernt oder lehrt, ist unterwegs, ist geistig aktiv, entdeckt Neues, hat Aha-Erlebnisse. Ihm öffnet sich die Bibel, das Wort Gottes. Wir dürfen wie der Jünger, den Jesus liebt, am Herzen Jesu liegen und sein Wort hören: „Lernt von mir, denn ich bin gütig und demütig."

Das sind die drei einfachen Regeln zum Glück, die uns Jesus gibt: die Begabung und die Berufung nicht zu übersehen, dafür zu danken, unsere Arbeit zu tun und die tägliche Mühe wahrzunehmen, die Müdigkeit zu genießen, so wie seine Nähe, in der wir von ihm und seinem Wort lernen dürfen. So führt uns Jesus auf den Weg zum Glück, das den Gütigen, den Friedfertigen und Demütigen in den Seligpreisungen verheißen ist. Dann werden wir wissen, wo wir zu Hause sind, werden Geborgenheit spüren, Selbstbewusstsein haben, aus dem heraus wir uns für andere einsetzen können.

Eines Tages hatte ich in Rumänien viele Gäste aus Österreich, Politiker, Bürgermeister. Ich musste den Abend organisieren und ging nervös zur Bushaltestelle, um zum Restaurant zu fahren, wo ich die hohen Herrschaften empfangen sollte. Ein Mädchen lief mir nach, das bei uns im Sozialzentrum übernachtet hatte. Ich kannte sie nicht, doch sie sprach mich an: „Du schaust so ernst. Kann ich dir helfen?" Ich war überrascht; da sagte sie: „Ich kann dir mit meinem Kopf helfen und mit meinen Händen, Geld aber habe ich keines. Gehen wir noch eine Station zu Fuß." Das taten wir und fuhren dann mit dem Bus zum Restaurant. Nun musste ich mich von meiner Begleiterin trennen, was sie verstand: „Vielleicht kannst du den Wirt fragen, ob ich, während ihr esst, in der Küche helfen darf." Nach einigem Sträuben sagte er schließlich Ja. Während wir aßen, wusch die vierzehnjährige Denisa in der Küche das Geschirr. Ab und zu schaute ich vorbei; sie war unglaublich stolz über ihre Aufgabe.

Der Abend ging zu Ende, in der Küche war alles fertig. Der Wirt, beeindruckt von dem tüchtigen Mädchen, sagte ihr, sie solle herauskommen und auch etwas essen. Vor unser aller Augen stellte er ihr das Essen hin. Da stand sie auf, bekreuzigte sich mehrmals und betete lange still und fromm. Die Gäste wurden still. Wir hatten nicht gebetet.

„Du hast es den Weisen verborgen, den Unmündigen aber offenbart." Denisa hatte mir meine Belastungen schon auf dem Weg abgenommen. Sie hatte mir das Glück in meiner Aufgabe als Priester und Sozialarbeiter erschlossen. Jeder, der Jesus nachfolgt, hat viel Verantwortung, viel Arbeit und wird viel lernen. Bei allen Belastungen aber überwiegen die Glücksmomente bei Weitem.

## *Was soll ich tun?*

Von einer gerechten Gesellschaft spricht Jesus, wenn er zu den Jüngern sagt: „Bei euch soll es nicht so sein" – nämlich wie sonst in der Welt. Und er nennt seine Jünger „Licht der Welt". Ist das nicht eine Überforderung?

Nein, eine Überforderung ist vielmehr, wenn man sich nichts zutraut und nur mit den eigenen Möglichkeiten rechnet. Dann erst stellt sich das Gefühl der Überforderung ein. Ich sehe es eher umgekehrt: Vertraut man dem Wort Jesu, wird man entlastet. Zugleich kommt etwas in Gang und man spürt: Da ist etwas Größeres am Werk als das, was ich mir zugetraut habe. Auf den Punkt gebracht heißt das: vertrauen oder nicht. Gerade darin wird im Christentum viel geschwindelt. Jeder macht seine kleine Rechnung und wagt sich nicht darüber hinaus. Kein Wunder, dass sich vom Christentum oft so wenig zeigt, dass es sogar weniger riskiert als jeder normale Unternehmer. Dann ist auch unser Bekenntnis, aus dem Glauben zu leben und auf die Macht Gottes zu setzen, einfach eine Lüge. Es gleicht einem Ballon, der ein Loch hat; er kann nicht tragen.

Gerade Pfarren, die Flüchtlinge aufgenommen haben oder sich sozial engagieren, haben es erlebt, dass das, wovor man zunächst Angst hatte, schließlich zum Besten der Pfarre wurde und vieles in Schwung brachte. Das Vertrauen stärkt und lässt wachsen.

Was können christliche Gemeinden durch den Kontakt mit Randgruppen lernen? Ich möchte bei diesem Begriff offen lassen, wer die Randgruppe ist. Ein Beispiel: Wenn ich mit Behinderten zusammen bin, erlebe ich die tiefsten und schönsten Gebete; mit den anderen, den so genannten Gesunden, geht das oft nicht. Ähnliches habe ich mit Obdachlosen erfahren oder mit psychisch belasteten Menschen. Manchmal hatte ich das Gefühl, das seien die einzigen Erlebnisse, die wirklich schön und tragend waren, und ich fragte mich: War ich hier bei den Gesunden und den Rest der Woche bei den Kranken?

Hier sind wir schon bei Jesus und seinem Evangelium: In den Menschen, die Schutz brauchen, in den Kindern, Entblößten, Gefangenen, Vereinsamten ist er zu finden. Wenn man sich in Kontakte solcher Art hineinwagt, entsteht in der Gemeinschaft Leben. Dann kann der Gottesdienst nicht langweilig sein, dann werden die Probleme der Jugendlichen nicht niedergehalten, dann ereignet sich neue Offenheit. Kühnheit kommt ins Christentum. Es entsteht ein Licht, das leuchtet. Wenn ich mit solcher Erwartung, Neugier und Offenheit an die Menschen herangehe, dann beginnt Jesus für mich lebendig zu werden und es ist keine Rede mehr von Überforderung. Solange ich die Not im Fernsehen anschaue, darüber bloß diskutiere, wirkt sie belastend und bedrückend, werde ich jedoch zum Helfer, kommt die Gnade zum Tragen.

**Für mich sind Randgruppen die Antriebskräfte einer Gemeinschaft, besonders einer christlichen.**

Für mich sind Randgruppen die Antriebskräfte einer Gemeinschaft, besonders einer christlichen. Auch in Familien, die behinderte Kinder haben, ist das zu beobachten.

In einer solchen Familie durfte ich einmal sehen, wie die Mauer des Egoismus einbrach. Es war bei der glänzenden Hochzeit des ältesten Sohnes, der der Stolz der Familie war. Der Vater sagte zu mir: „Ich habe glückliche und gesegnete Kinder, für die ich Gott danke. Wir haben auch das Glück, dass unsere wirtschaftlichen Voraussetzungen so sind, dass die Kinder ohne Sorgen leben und ihre Zukunft aufbauen können. Eigentlich brauchen sie mich nicht mehr. Sie lieben mich, aber wenn ich nicht mehr wäre, müsste ich keine Angst um sie haben. Nur von meiner behinderten Tochter kann ich das nicht sagen." Und unter Tränen meinte er: „Sie braucht mich, sie gibt meinem Leben den tiefsten Sinn, weil sie so unbedingt auf mich und meine Frau angewiesen ist. Irgendwie ist sie für uns am wichtigsten geworden."

Die Tränen in den Augen des Vaters enthielten all das Schwere, das er mit seinem behinderten Kind zu tragen hatte, aber es waren auch Freudentränen.

Familien mit einem behinderten Kind sind anders als andere Familien. Manche werden dadurch besonders ängstlich und depressiv, leben so schwer mit der Behinderung und werden so weit überfordert, dass noch neue Probleme hinzukommen. Doch ich kenne auch Fälle, die durch ein behindertes oder schwieriges Familienmitglied in positiver Weise herausragen. In diesen Familien gibt es ein Verständnis für Probleme, eine Sensibilität für Fragen und Nöte und eine auffällige Offenheit für Suchende. Die Kinder werden in einer besonderen Weise befähigt, Beziehungen unterscheiden zu können und zu vertiefen. Das Antlitz der Familie mag durch die schwierigen Erfahrungen oder durch ein Scheitern im äußeren Sinn entstellt sein, aber man spürt, dass der Glanz verinnerlicht ist. Hier strahlt ein Glanz, größer als der der Welt. Eltern und Kinder werden durch die Herausforderung mit einer Lebenseinstellung und Liebesfähigkeit beschenkt, die wohl im Leben und Sterben bestehen bleibt.

Kranke, Behinderte und Schwierige bringen uns in Situationen, in denen unsere Liebe gefordert ist. Erst hier wird Liebe möglich und kann sich zeigen. Es geht um eine Liebe, die den normalen Umgang und das problemlose Zusammenleben übersteigt und durchbricht – hin auf eine Liebe, die innerweltlich nicht mehr erklärbar ist. Es stellt sich sogar die Frage, inwieweit ein Mensch ohne solche Herausforderungen und Grenzerfahrungen in seinem Leben überhaupt lernen kann zu lieben. Die wahre Liebe hat etwas mit der Erfahrung des Zerbrechens und Durchbrechens von Grenzen zu tun.

**Die wahre Liebe hat etwas mit der Erfahrung des Zerbrechens und Durchbrechens von Grenzen zu tun.**

Bei den ersten Schwierigkeiten in der Ehe oder wenn Kinder problematisch werden sagt man sich oft: Jetzt muss sich die Liebe bewähren. Aber ist es nicht so, dass die Liebe jetzt erst geweckt wird? Dass die normale Lebensform ohne die Bedrohungen, die uns verwunden und an den Rand bringen, verhindern würde, dass wir in der Liebe wachsen? Allerdings wird an diesen Grenzen auch deutlich, dass es nicht nur von uns abhängt, sondern von der Kraft, die Gott gibt, ob die Bedrohung einen Menschen reicher und tiefer macht oder ob sie ihn zerstört. Jedenfalls ist vor solchen Erfahrungen das Reden über die Liebe Theorie und nicht Praxis, kalt und nicht menschlich. Das behinderte Kind schenkt der Familie eine große Chance. Selbst das Scheitern und ein kriminelles Milieu: Auch das kann eine positive Herausforderung zum wirklichen Leben sein.

Jeder von uns trägt in sich Behinderung und Schädigung, vielleicht nur ansatzhaft oder verborgen. Danach zu suchen ist wichtig, weil hier unsere Chancen liegen, zur Liebe fähig zu werden und zu wachsen.

Das eigene Scheitern, die Tendenz zum Negativen, die vielfältigen Behinderungen im eigenen Leben und die Stellen, wo wir kriminell geworden sind: Diese Grenzen zu sehen ist zunächst eine Frage der Ehrlichkeit. Und nur wenn ich mich in dieser Weise realistisch sehe und annehme, kann ich meine Zukunft planen. Meine eigenen Grenzen zu sehen ist mehr noch als Ehrlichkeit und Realitätssinn: Es ist die Suche nach meinen Chancen zur Liebe.

Viele fragen mich: Warum bist du in der Sozialarbeit? Wie kann dich die Arbeit mit Gefangenen, gefährdeten Menschen und psychisch Kranken begeistern? Weil ich tatsächlich heute darin ein so großes Glück und eine so tiefe Befriedigung erlebe, habe ich mir diese Frage auch selbst gestellt. Letztlich bin ich in diese Arbeit hineingeraten und damit zu meinen besten Freunden gekommen, weil ich meinen eigenen Egoismus und seine Folgen erleben musste. Ich hatte Angst vor diesem Egoismus, der unglücklich macht. Die Sozialarbeit und die Menschen, mit denen sie mich zusammenführt, helfen mir tatkräftig und unermüdlich, ihn aufzubrechen, sie befreien mich aus dem Dunkel und der Langeweile eines lieblosen Lebens.

Meine Schützlinge tun alles, um mich liebesfähig zu machen, indem sie mich herausfordern und manchmal auch schmerzlich dazu zwingen, meine eigenen Grenzen zu überschreiten, mich selbst etwas zurückzustellen, indem sie mich auch in unlösbare Probleme und Situationen des Scheiterns hineinführen, wo es nicht mehr wichtig ist, ob der andere schuldig ist oder ich. Meine Schützlinge brauchen mich – gerade mit meinen wunden Punkten und Grenzen, die mich ihnen nahe bringen und mir ein Verständnis eröffnen. Die Sozialarbeit und das weite Feld der christlichen Nächstenliebe sind eine Hilfe, den Egoismus, der unser Leben zu zerstören droht, zu überwinden.

Unsere bürgerliche Blindheit und unsere ideologische Verstocktheit sind Gefängnismauern, die der Egoismus errichtet hat. Die Mauern werden gesprengt, wenn ich mich von dem, was hinter ihnen ist, in Anspruch nehmen lasse, obwohl ich nicht weiß, was dies für meine Zukunft und für meine Sicherheit bedeutet. In einem mit Kapital und Versicherungen abgedeckten Land ist die Sozialarbeit jener Bereich, an dem sich die Menschlichkeit und Liebesfähigkeit entscheidet. Da ist der Mensch gefragt: Willst du deine Mauern erklettern und auf die andere Seite schauen, willst du dich in Probleme und Lebensfelder hineinziehen lassen, die jenseits einer bürgerlichen und weltlichen Grenze liegen? Die Sozialarbeit ist eine Hilfe, ein Dienender zu werden. Aber auch eine Herausforderung: Ich riskiere mein Glück, das in meinen Grenzen geschützt und absehbar ist.

## *Über die soziale Verantwortung von Führungskräften*

Leo Schestow, der große russische Philosoph, von dem bedeutende Schriften über Nietzsche und Dostojewski stammen, veröffentlichte 1938 ein Buch mit dem Titel *Athen und Jerusalem*; sein letztes Werk, gleichsam sein geistiges Testament. Er schildert darin zwei Denkwelten, in denen jeder Erfolg – nachhaltig, menschlich, mit Lebensqualität – wurzelt. Zwei Weisen zu denken, zwei unterschiedliche Systeme. Beide sind für den Erfolg eines Unternehmens notwendig, auch wenn sie nicht kompatibel sind und wie Feuer und Wasser zueinander in Spannung stehen.

Die erste Dimension ist die Welt der Philosophie. Dafür steht Athen mit den großen Persönlichkeiten Aristoteles, Sokrates, Plato und ihren Schulen. Von dort stammen die Logik und ihre Prinzipien. Deren Wichtigstes ist das Prinzip des Widerspruchs: Es kann etwas unter derselben Rücksicht sein und gleichzeitig nicht sein. Ein zweites Prinzip ist das der Kausalität, wobei Aristoteles schon Wirkung und Ziel unterschied. Alles, was nicht in sich selbst die Ursache hat, ist aus etwas entstanden, das dieses Seiende hervorbringen konnte. Außerdem hat es ein Ziel, von dem her es bestimmt ist und auf das hin es sich entwickelt. Auf dieser Logik bauen die Mathematik und die klassischen Naturwissenschaften auf. Maschinen und Computer sind Früchte dieses Denksystems der Philosophie.

Die zweite Dimension ist die Welt des Glaubens in der christlich-jüdischen Tradition mit den Büchern des Alten und des Neuen Testaments. Viele Denkschulen haben versucht, den Zusammenhang oder die Brücke zur ersten Welt der Philosophie und Logik herzustellen, und sind daran gescheitert. Warum? Weil der Glaube im Letzten unableitbar ist, genau wie die Ethik. Ein solches Denken ist nicht logisch. Hier gibt es kein Wenn-dann, kein Entweder-oder. In der Welt der Bibel gibt es nur Erfahrungen von Menschen, die sie weitergeben. Beschrieben werden Lebenswege, angefangen von Abraham, Isaak und Jakob und ihren Frauen und Kindern. Wenn wir heute die Bibel aufschlagen, lesen wir keine Aussage, zu der sich nicht auch das Gegenteil finden ließe, Aussagen, die zur Logik in krassem Widerspruch stehen. Es sind Widersprüche, die für die Welt der Bibel wesentlich sind und auch nicht gemildert oder geglättet werden können. Als wären es Allegorien.

Was ist mit Jerusalem gemeint? Der Zugang zur Wirklichkeit ist grundsätzlich nur in einem Denken möglich, das Widersprüche braucht und gerade durch das Mittel der Widersprüchlichkeit die von ihr gesuchte Wirklichkeit erfassen kann. Einige Beispiele aus der Bibel: Es gibt nur einen Gott, der aber gegen viele Götter kämpfen muss. Er ist der Einzige, aber der Mensch ist bedroht von vielen Göttern. Die Menschheit ist verderbt von Jugend an (Gen. 6,5), gleichzeitig ist der Mensch das Ebenbild Gottes (Gen. 9,6). Jesus bringt den Frieden, so besingen ihn die Engel bei der Geburt (Lk. 2,14), er preist die Friedfertigen (Mt. 7), derselbe Jesus aber sagt über sein Kommen: Ich bin nicht gekommen, um den Frieden zu bringen, sondern das Schwert (Mt. 10,34). Gott befiehlt Abraham, ihm seinen Sohn Isaak zu opfern (Gen. 22), und gleichzeitig kämpft dieser Gott gegen alle Menschen, die es für ihre Pflicht halten, Kinder auf dem Altar zu opfern (2 Kön. 17,17). Man müsste also die Bibel befragen: Gibt es einen oder mehrere Götter? Ist die Welt gut oder böse? Will Gott das Kinderopfer oder verbietet er es? Bringt Jesus den Frieden oder das Schwert? Diese Widersprüche sind in der Bibel nicht auflösbar, sondern drücken eine andere Dimension der Wirklichkeit aus, eine Dimension, die der Logik widerspricht. Und so können wir den Menschen nicht als Maschine betrachten, weil er gut *und* böse ist, weil er immer mit vielen Göttern kämpfen muss, wenn er zum Glauben an den einen Gott kommen will, weil es stets darum geht, gegen die Opferung der Kinder oder der Verletzten zu kämpfen und weil es diese Opfer immer gibt. Und Jesus ist, um den Frieden zu bringen, stets gezwungen, die Auseinandersetzung zu provozieren.

Die Bibel erzählt Geschichten, Lebenswege und Einzelereignisse und kein System, wie es die Philosophie tut. So kommt sie dem Menschen nahe, wie die Logik der Maschine nahe kommt.

Mithilfe der Logik ist es dem Menschen möglich, Maschinen zu bauen, Rechnungen aufzustellen, psychologische und soziologische Erhebungen und Voraussagen zu machen, medizinische Operationen oder wirksame Medikamente zu entwickeln. Der Gewinn daraus sind ein längeres Leben, bessere Gesundheit, genauere Zahlen, messbar gesteigerte Leistung, verlässliche Kontrolle, Transparenz und funktionierende Abläufe.

Biblisches Denken hingegen kreist um die Würde des Menschen, ist interessiert am Schutz der Schwachen, will das Geheimnis der Liebe beschreiben, die Kraft des Glaubens stärken, Hoffnung und Perspektive geben. Von diesen Zielen kann nur in Gegensätzen geredet werden.

Die Bibel führt in die Welt der Wunder, des Wirkens, das von Gott kommt. In der biblischen Welt agieren gute und böse Geister. Hier gibt es alles, was nicht erklärbar ist, was keine logischen Ursachen zu haben scheint, was utopisch, widersprüchlich ist und überraschend hereinbricht. Der Gewinn aus der Bibel sind das größere Glück, die gute Atmosphäre, neue Ideen, überraschende Intuition, Erfindung, Menschlichkeit, Motivation und Dynamik.

Jeder Betrieb braucht diese Werte ebenso wie die Logik. Vielleicht ist die zweite Dimension uns weniger bewusst oder weniger reflektiert, weil sich die Professionalität auf die erste Dimension der Arbeit und Ausbildung konzentriert. Doch das biblische Denken gibt mir praktische Hilfe, um einen Betrieb zu stärken und in die Zukunft zu führen. Vieles kann ich im Betrieb berechnen, für vieles aber braucht es einen anderen Sinn, einen anderen Lernprozess. Ich nenne es „das Riechen“. Ist die Luft irgendwo schlecht? Wie ist die Atmosphäre? Wo ist dicke Luft und woher kommt sie? Was erzeugt Niedergeschlagenheit, was hemmt die Motivation, was belastet, schürt Aggressionen oder Ablehnung? Wir können professionell einüben, gute Entscheidungen auch aus der zweiten Dimension zu treffen. Hier geht es um Freude an der Arbeit, Identifikation mit der Firma, gutes Klima, Innovation und Einfälle, Entfaltung der Einzelnen, Begabungen, auch Schutz für die Schwächeren. Das hat zu tun mit den Farben des Büros, mit der Einrichtung der Werkstätte, mit gruppendynamischen oder architektonischen Bedingungen. Es gibt aber noch tiefere Gründe für den guten „Geruch“. Von ihnen spricht die Bibel, wenn sie Dämonen und den Kampf der Geister erwähnt.

Ignatius von Loyola hat im 16. Jahrhundert nicht nur den Jesuitenorden gegründet, sondern auch etwas erfunden, was manche den Beginn der modernen Psychologie nennen: Er hat die Bibel in die Psychologie übersetzt. Er nennt es die Unterscheidung der Geister und hat dafür im Exerzitienbuch genaue Beschreibungen und Regeln gegeben, Regeln, die für das geistliche Leben eines Menschen, aber auch für das Funktionieren eines Betriebs hilfreich sind. Fragen wie: Passt eine Entscheidung in meine Lebenslinie oder in die Entwicklung des Betriebs? Macht mich diese Entscheidung ruhig und ausgeglichen oder hektisch, ist sie belastend für mich oder für die Atmosphäre im Betrieb? Was würde ich dem Freund im Anblick der Sterbekerze raten? Es gibt verschiedene Zeiten der Wahl.

Wenn eine Entscheidung ansteht und plötzlich eine Idee dazu entsteht, die völlig neue Perspektiven und den Charakter des Glänzenden zeigt und gar nicht zur bisherigen Entwicklung passt, dann muss ich fragen, ob es eine gute Entscheidung ist, ob sie nicht vom bösen Geist kommt. Wenn mir dagegen eine Entscheidung innere Ruhe gibt, wenn sie hineinpasst in meine Lebenslinie und in die Entwicklung des Betriebs, nicht spektakulär aussieht, dann kann ich damit rechnen, dass es sich um den guten Geist handelt, der hinter der Entscheidung steht. Dass sie solide und tragfähig ist.

Ignatius hat aus der Bibel die zwei extremen Seligpreisungen aufgenommen und damit biblischem Denken eine moderne Gestalt gegeben. Jesus sagt: „Selig die Armen, denn ihrer ist das Himmelreich", und er preist die „um der Gerechtigkeit willen Verfolgten", die dem Glück nahe seien. Ignatius sagt nun in den Exerzitien, dass ich mich anstrengen solle, arm zu sein und verfolgt zu werden. Das klingt pervers und selbstzerstörerisch, ist aber das Gegenteil. Erst diese beiden Erfahrungen nämlich machen einen zum Menschen, der so selbstbewusst ist, dass er den Mut hat zu dienen.

Wer sich bemüht, arm zu sein, schafft Raum, in dem er beschenkt werden kann. Ein Mensch oder ein Betrieb, der sich abhängig macht von anderen Menschen oder Betrieben, steht in Kommunikation. Er ist nicht in Gefahr, überheblich, abgehoben zu arbeiten, sondern gewinnt durch seine Armut Offenheit. Ich denke an das Wort eines großen Unternehmers, der nach dem Geheimnis seines Erfolgs gefragt wurde. Seine Antwort: „Du musst einmal hungrig gewesen sein." Ein anderer Manager erklärt seinen Erfolg mit dem Bewusstsein: „Ich könnte auch als Straßenkehrer mein Leben meistern."

Wer sich bemüht, geschmäht und verachtet zu werden, macht sich verletzbar, wird angegriffen, er steht im Konflikt, er wird wichtig, er spürt, dass er etwas bedeutet, und hat deshalb die Kraft und Lust, dem Betrieb und den anderen zu dienen und für sie da zu sein. Wenn ein Mensch oder eine Firma hingegen nicht geschmäht und verachtet wird, also nicht angegriffen wird, muss er sich fragen, ob er noch im Konkurrenzkampf steht, ob er noch Profil hat, stark genug zu sein, um den Schwachen zu dienen. Jeder

Konflikt, den ich wage, jeder Angriff, mit dem ich mich auseinander setzen muss, stärkt mein Selbstbewusstsein. Ignatius war besorgt, wenn sein Orden nicht mit Angriffen und Aggressionen zu kämpfen hatte. Für ihn war das ein Zeichen, dass er auf einem falschen Weg sei, angepasst und damit unbedeutend, zu weit weg von den Konflikten, die nötig sind, damit nicht nur der eigene Betrieb vorangebracht wird, sondern damit Gerechtigkeit und Frieden kommen.

Wenn es in deinem Betrieb keine Konflikte gibt, wenn du keine Auseinandersetzungen mit Konkurrenten hast, wenn du nicht kämpfen und riskieren musst und vielleicht auch einmal verlierst, dann musst du dir selbst eingestehen, dass du nicht mehr mit dir im Reinen bist. Dann wird es abwärts gehen. Sattheit und Windstille sind gefährliche Anzeichen. Der Blick und die Konzentration auf die Schwachpunkte, die in den Hintergrund getreten sind, könnten retten und in die Zukunft führen. Auf jeden Fall sind neue Herausforderungen in einer solchen Situation lebensnotwendig.

In meiner Arbeit habe ich mit großen Persönlichkeiten aus der Wirtschaft zu tun. Ihre materielle Hilfe ist sehr wichtig für unsere Arbeit. Aber auch ich habe offensichtlich eine Funktion für sie. Warum nehmen sie sich Zeit für mich, obwohl sie keine haben? Weil ich der Narr sein muss an ihrem Tisch. Er ist bedeutsam, weil er niemandem nach dem Mund redet und eine andere Sichtweise einbringt.

Ziehe ich wieder die Bibel zu Rate, dann sehe ich drei Sorten von Menschen: die Könige, die Propheten und die Priester. Das gilt auch für heute. Ohne Könige geht es nicht; das sind die Politiker, die Firmenchefs, die Manager, die Verantwortungsträger. Doch sie brauchen ein Gegenüber, das ein anderes Wertesystem vertritt als sie: den Einzelgänger, der nicht machtpolitisch denkt, den Geistesmenschen, den Propheten. Aus diesen beiden Gegensätzen entsteht etwas, das für das Volk genießbar ist. Der Priester wiederum verwaltet diesen Geistbezug und demokratisiert ihn. Er hat eine Zwischenfunktion, er „verkauft“, vermittelt den Propheten.

Jeder von uns hat Anteil an diesen drei Typen, in verschiedener Stärke und Ausprägung. Ich habe zum Beispiel Anteile vom Propheten, zu dem mich die Kinder machen, aber natürlich auch vom Manager, da ich ja viele Angestellte zu leiten habe. Und in der Vermittlung meiner Anliegen bin ich Priester (nicht nur im wörtlichen Sinn). Propheten begleiten mich auch auf meinem Lebensweg, der weit über neunzigjährige Jesuitenpater Neuner etwa oder mein jüdischer Freund, der Bibelexperte Zwi Weinberg. Auch meine Straßenkinder sind für mich Propheten, die Beduinen, bei denen ich mich in der Wüste aufhalte, oder Leute, die nichts mehr zu reden haben. Jeder von uns aber hat dieses Potenzial in sich, seine Priesterseite, seine Prophetenseite; man muss sich bloß fragen, wie sie sich äußert.

Doch man sollte auch die Manager nicht abwerten. Unter ihnen sind Menschen, die Grenzen sprengen, auch im wörtlichen, politischen Sinn, wie man an der Entwicklung Europas gesehen hat. Ich glaube – und das glaube ich von jedem Menschen –, dass auch sie im Grunde ihre Macht und ihre Möglichkeiten nützen möchten, um Menschen zu helfen, wenn man ihnen nur den Weg zeigt oder die Chance dazu gibt. Und sie ändern sich dadurch, dass sie etwas tun können. Das ist zwar eine individuelle Methode, aber ich hoffe, dass ein System daraus wird. Wenn mehrere dieser Wirtschaftskapitäne durch ihre eigene Praxis nicht nur den Wert der Gewinnmaximierung, sondern auch den Wert, Menschen zu retten, Schwache zu schützen, auf Kinder zu achten (sie sind die Sicherung im System, die als Erstes durchbrennt), am eigenen Leib erfahren, werden sie dadurch, so hoffe ich, soziale Verantwortung lernen.

Das Gegenüber zur Wirtschaft ist für mich kein feindlicher Kontrast, sondern eine Spannung. Und diese Spannung möchte ich jedem ins Herz geben, damit er hin und her gerissen ist zwischen Gewinnmaximierung und der Entscheidung, Leute entlassen zu müssen. Diese Spannung will ich niemandem nehmen, ich will sie ihm sogar einpflanzen. Wie kann man so etwas vermitteln? Durch eigene Erfahrung. Ich will keine Kurse und Seminare abhalten, ich will es durch das normale Leben ermöglichen. Hier können die Straßenkinder unsere Lehrer sein.

## *Wo das Wunder sichtbar wird*

Ich gehe durch einen trostlosen Hinterhof in der Bahnhofsgegend in Bukarest, fühle mich müde und überfordert; die Jugendlichen auf der Straße haben mich fast fertig gemacht. Wir sind Freunde, aber die Drogen zerstören alles. Die Atmosphäre ist aggressiv und unkontrollierbar. Selbst die mir Liebsten verlieren ihre Kraft oder verhalten sich so, dass ich sie nicht mehr kenne. Der Mut droht mich zu verlassen. Es ist kalt geworden.

Plötzlich spüre ich in meiner Hand Wärme. Das Händchen eines Kindes. Ich drehe mich um und sehe ein Mädchen; es geht mir bis zur Hüfte und schaut mich mit großen Augen an. Ganz sicher, aber nicht frech sagt sie: „Du nimmst mich doch mit?“ Die Müdigkeit ist verflogen und wir gehen auf dem schnellsten Weg nach Hause. Minuten vorher wollte ich aufgeben, jetzt freue ich mich auf mein Zuhause, das Sozialzentrum Lazarus, in dem mich wieder viele kleine und große Kinder, verwahrloste, verzweifelte Jugendliche erwarten. Denisas Händchen hat meine müde Hand elektrisiert, Energie übertragen, Freude geweckt. Jetzt würde ich am liebsten unser Sozialzentrum größer machen.

Das Wunder ist dort sichtbar, wo ich im Nachdenken oder in der Beobachtung so etwas wie einen qualitativen Sprung entdecke. Plötzlich setzt sich das Leben nicht mehr nur quantitativ und linear fort, sondern es eröffnen sich neue Dimensionen. Meist erlebe ich das als die Erfahrung, dass ich ein Geschenk empfange, dass ein glücklicher Zufall eintritt und nicht mehr, dass ich es gemacht und geplant habe. Was geschieht, ist unbegreiflich, überdimensional, geheimnisvoll, unerwartet.

Entweder ist alles ein Wunder oder nichts ist ein Wunder. Ich kann alles erklären und trotzdem empfinde ich alles als Mysterium. Der Unterschied liegt in der Betrachtungsweise. Aber es gibt Punkte im Erleben, an denen ich das Wunder beobachten, fassen kann. Es gibt Punkte, an denen ich sehe, dass alles ein Wunder ist, auch das, was vorher geschehen ist und was weiterhin geschehen wird. Wenn ein Kind gehen lernt, führt man es lange Zeit, hält es, bis es eines Tages zu dem Punkt kommt, an dem man es loslassen kann und es frei geht. An diesem Punkt wird das Wunder sichtbar, das darin besteht, dass das Kind Glieder hat, die sich von Tag zu Tag mehr ausbilden, funktionsfähiger werden, selbstständiger werden. Wenn das Kind frei geht, wird das Wunder sichtbar.

In der Sozialarbeit müht man sich um Menschen. Ich will zum Beispiel jemanden vom Trinken wegbringen, ich rede jeden Tag mit ihm und suche die Gründe, warum er trinkt. Ich besorge einen Arzt und sorge dafür, dass der Trinker regelmäßig hingeht. Ich achte darauf, dass er seine Tabletten nimmt, ich überlege, wie ich ihn beschäftigen, in Beziehungen hineinbringen kann. Das alles verlangt sehr viel Mühe, Fantasie und eine Aufmerksamkeit rund um die Uhr. Das ist eine Mühe, die man vielleicht für einzelne Menschen aufbringen kann.

Das Wunder auf diesem Weg spüre ich an zwei Punkten. Zuerst, wenn ich frage: Warum bringe ich gerade bei diesem Menschen diese Mühe auf? Warum habe ich bei diesem Menschen diese ungeheure und für einen Außenstehenden nicht erklärbare Kraft und ein solches Interesse, das viel Fantasie freisetzt, Geduld schenkt und einen viele Mühen ertragen lässt? Einem anderen oder von außen gesehen ist es unerklärbar oder undenkbar. Der zweite Punkt, wo ich das Wunder entdecken kann, ist, wenn tatsächlich etwas geschieht. Wenn der Trinker plötzlich von selbst eine Entscheidung trifft, wenn er sagt: „Obwohl ich Geld in der Tasche habe, gehe ich nicht ins Gasthaus, um mir ein Viertel Wein zu kaufen." Wenn er selbst eine Arbeit findet, mit der er sich ablenken und beschäftigen kann, wenn er auf die Idee kommt, einem anderen zu helfen, mit seinen Problemen fertig zu werden. Wenn er eine Freundschaft schließt oder eine Beziehung aufnimmt, die ihn zu einem Therapeuten macht, zu einem, der anderen helfen kann und helfen will. Das ist ein Schritt, ein Schritt des Wunders, der vielleicht auch den zweiten Schritt zur Folge hat, dass er selbst nicht mehr trinkt und durch diese neue Rolle die Kraft bekommt, keinen Tropfen Alkohol mehr anzurühren.

Sowohl die Kraftquelle für die Fantasie und die Mühen als auch für den Schritt vom Patienten zum Therapeuten, den Schritt von dem, der behandelt wird, zu dem, der anderen hilft, erscheint für mich wie ein Wunder. Hier kann ich das Wunder fassen, entdecken, und wenn ich darüber nachdenke, spüre ich, dass es mich den ganzen Weg begleitet hat.

Ich kannte einen Mann, der schwerer Alkoholiker war, jeden Tag so betrunken, dass man ihn meist nach Hause tragen musste. Wegen seiner Alkoholkrankheit hatte er seine Arbeit aufgeben müssen. Und er sagte mir: „Seit vier Jahren habe ich keinen Tropfen mehr getrunken. Ich bin wieder in der Arbeit und sogar wieder in der alten Firma, und eigentlich seid ihr schuld daran. Ich habe gebeichtet, ich habe in der Jugend bei euch eine Aufgabe übernommen, ich habe eine Entziehungskur gemacht, ich habe zur Familie zurückgefunden und inzwischen habe ich ein Haus gekauft. Ich bin nicht mehr in der Jugend, aber ich lebe versöhnt mit Gott und meiner Familie, ich liebe mein Haus." Ich glaube, bei diesem Mann ist ein Wunder geschehen, weil er eingesehen hat, dass er ab jetzt keinen Tropfen Alkohol mehr trinken kann, weil er mit dieser Einschränkung, die ihm sein Lebensweg auferlegt, rechnet, sich daran hält und damit abfindet.

Mit vielen Menschen lebe ich zusammen und mit vielen Menschen arbeite ich. Mit manchen Menschen ist die äußere Gemeinsamkeit der Arbeit, des Zusammenseins stärker, mit anderen schwächer. Wenn ich denke, dass ich mit einem Menschen sehr lange zusammen bin und sehr viel mit ihm mache, dann heißt das noch nicht, dass wir Freunde sind. Die große äußere Gemeinsamkeit ist zwar eine gute Voraussetzung, aber noch nicht die Freundschaft. Im Rückblick erscheint es wie ein Zufall, dass gerade mit diesem Menschen das Wunder der Freundschaft entstanden ist und mit dem anderen nicht. Wenn dieses Wunder geschehen ist, dann entsteht aus dieser Beziehung viel, dann wird sie für mich lebensentscheidend und verändert mich, dann hebt sie mein Leben in andere Dimensionen, macht mich vielleicht auch leistungsfähiger, lässt mich Neues lieben. Durch dieses Wunder der Freundschaft bin ich ein anderer Mensch. Wieder erscheint das Wunder wie ein Sprung. Zwar ist das viele äußere Zusammensein, die viele Zeit, die man gemeinsam verbringt, eine Voraussetzung, aber noch nicht die Erklärung für die Freundschaft.

Ich finde viele äußere Voraussetzungen, die es verständlich machen, dass plötzlich eine Bindung entstanden ist, die nicht mehr rückgängig gemacht werden kann, die in sich steht und selbstverständlich ist, aus der man nicht mehr herauskommt, die da ist, die mich trägt, an der ich nicht mehr zweifeln kann. An der ich leide, wenn etwas nicht stimmt, von der ich aber weiß, dass sie nie mehr aufgebbar ist, weil sie mich bestimmt, weil ich der Freund geworden bin. In der Bindung ist für mich das Wunder sichtbar, das etwas anderes ist als das Zusammensein alle Tage des Lebens. In der Bindung liegt etwas vom Unendlichen, Ewigen: das Wunder.

Auch von einer anderen Seite betrachtet, erlebe ich in der Freundschaft das Wunder: in der Einmaligkeit. Ich schaue auf meinen Freund und sehe, dass es andere gibt, die tüchtiger, vorteilhafter und besser sind als er; das sehe ich objektiv und nüchtern. Trotzdem ist er mein Freund und es ist undenkbar, dass es ein anderer wäre. Und ich habe Eltern und Geschwister, an die ich gebunden bin und die meine Eltern, meine Brüder und Schwestern bleiben, ob sie nun schwierig sind oder nicht, ob sie mir ein großes oder ein geringes Erbe geben. Einmalig und unerklärbar, einfach gegeben sind sie meine Brüder, meine Eltern, meine Schwestern, meine Freunde. In der Einmaligkeit und Gebundenheit an Menschen durch die Liebe erfahre ich das Wunder.

**In der Einmaligkeit und Gebundenheit an Menschen durch die Liebe erfahre ich das Wunder.**

Wenn ich von einer weiten Reise mit dem Auto zurückkomme und aussteige, dann danke ich Gott und sage: Gott sei Dank bin ich gesund angekommen. Ich habe Fahrfehler gemacht, tausend Kleinigkeiten sind passiert, tausend anderen Menschen bin ich begegnet, immer hätte ein Unfall passieren können und trotzdem bin ich heil und gesund. Das ist für mich ein Wunder, dessen Größe ich erlebe, wenn ich mir vorstelle, ich hätte tot sein oder andere in den Tod bringen können. Dieses Wunder lässt mich dankbar sein.

Ein anderes Wunder sind die Kräfte und Mitarbeiter, die ich meinen Aufgaben entsprechend erfahre und bekomme. Ich glaube, dass für Aufgaben, die einem gestellt werden, die dazu nötigen Kräfte in sich und durch andere geschenkt werden. Im menschlichen Bereich, in der Kirche, in der Sozialarbeit sind alle Aufgaben eine restlose Überforderung. Wer könnte einen Menschen retten, wer könnte Wunden heilen, die eine Lebensgeschichte geschlagen hat, wer könnte Sünden vergeben, wer könnte Einsame befreien, wer kann Kriminelle resozialisieren? Überall sind einem Überforderungen auferlegt und trotzdem muss man sie annehmen und tun. Es ist für mich ein Wunder, dass viele Menschen das aushalten können und mit Freude an solche Aufgaben gehen. Ich denke immer, dass das Kriterium für das Aushalten oder Scheitern darin liegt, ob die Aufgaben aus Gründen der Nächstenliebe und der Berufung übernommen werden oder aus Selbstsucht, aus Angeberei, aus äußeren, negativen Gründen. Im zweiten Fall kann man nicht anders als scheitern. Bei der rechten Motivation, getrieben von guten Geistern, so glaube ich und habe ich erfahren, geschieht das Wunder, dass man die Überforderung aushalten kann und dass Ergebnisse geschenkt werden, die in keinem Verhältnis zu den eingebrachten Kräften und Mühen stehen.

Ein Wunder ist auch die Leistung eines Menschen. Wegen Kleinigkeiten kann man in Stress geraten und wird dabei immer leistungsunfähiger. Doch wenn man aus der Freundschaft oder aus dem Gebet kommt und leben darf, spürt man, dass man zu unendlich mehr Leistungen fähig ist, die nicht äußerlich erklärbar sind, sondern nur durch das Gebet und durch die Liebe, und das ist menschlich-weltlich nicht mehr fassbar, sondern es erscheint mir als Wunder.

## *Überforderung und neue Kraft*

Vor mir liegt eine Mappe mit dutzenden Rechnungen, Anträgen, Briefen. All das muss erledigt werden, jeden Tag, und manchmal will mir die Arbeit beinahe über den Kopf wachsen. Dagegen habe ich ein Mittel: Ganz oben in der Mappe liegt ein Foto eines meiner Kinder, liegen Briefe, Zettel von ihnen. Sandale, eine unserer Wildesten, hat mir ein Bild gezeichnet. Darunter steht: „Pater, ich liebe dich sehr und total. Ich widme dir diese Zeichnung." Da sie selbst nicht schreiben kann, hat sie sich jemanden gesucht und ihm das diktiert. Oft bekomme ich solche Botschaften. Sie sind meine Droge, sie stärken mich.

Jeden Tag laufen mir obdachlose Kinder nach, und das ist eine große Verantwortung. Ich brauche Mitarbeiter/-innen und Spender/-innen, ich gebe den Druck der Kinder weiter. Viele Menschen bei uns beteuern: „Ich würde gern, aber ich habe keine Zeit. Vielleicht in der Pension." Und die Rumänen fragen: „Wie soll ich Straßenkindern etwas geben, wenn ich für meine eigenen Kinder nicht genug habe?"

Mit beiden Antworten gebe ich mich nicht zufrieden. Die

Überforderten, die keine Zeit haben, möchte ich dazu bewegen, neue Prioritäten zu setzen. Gerade wenn du keine Zeit hast, weil du so tüchtig bist, lohnt es sich zu helfen. Riskiere Solidarität und du wirst sehen, was für dein eigenes Lebensglück wichtig und was weniger wichtig oder sogar belastend ist. Solidarität befreit von Stress und vielen Zwängen. Solidarität stärkt aber auch mich selbst und verschafft mir Überblick, gerade in der Überforderung. Einem Zufriedenen öffnet Solidarität den Blick für das eigene Glück. Eines ist sicher: Im Einsatz für die Straßenkinder sind wir es, die gewinnen. Wir geben Brot und empfangen dafür Sinn und Lebensmut und die Fähigkeit, das eigene Glück zu spüren. Das ist nichts anderes als Dankbarkeit. Dankbare Menschen können genießen und geben.

**Im Einsatz für die Straßenkinder sind wir es, die gewinnen. Wir geben Brot und empfangen dafür Sinn und Lebensmut und die Fähigkeit, das eigene Glück zu spüren.**

Und was sage ich den überforderten Rumänen? Meine Antwort: Es gibt nur einen Weg heraus aus der Armut. Hilf trotz deiner eigenen Not, dann geschieht eine Art Brotvermehrung. Das Wenige, das du hast, bekommt einen größeren Wert. Teilen bringt Überraschungen. Dann bekommen deine eigenen Kinder nicht nur Brot, sondern mehr noch: Sie sehen am Verhalten ihres Vaters, ihrer Mutter etwas, das ihnen Zukunft gibt. Solidarität: Dieser Wert ist nicht teilbar. Wenn ich mit anderen solidarisch bin, bin ich es auch in der Familie. Und wenn ich mit anderen nicht solidarisch bin, wird der Zusammenhalt in der Familie fehlen.

Die Medien verschaffen uns Wissen um das Elend, nehmen sie uns aber nicht oft gleichzeitig die Kraft, etwas dagegen zu tun? Man macht sich Sorgen um die ganze Welt und verliert den Zugang zum Menschen, dem man helfen könnte. Nur er oder sie – er hat einen Namen, sie hat einen Namen – kann mir eine Beziehung und Sinn geben.

Wenn ich aus Moldawien oder Rumänien komme, wundere ich mich manchmal über die Aufgeregtheit, mit der bei uns über Sozialreformen diskutiert wird. Sicher sollte man über eine gerechte Verteilung reden; doch die Frage ist, ob man so reden muss, als ginge es ums Überleben. Wenn wir souveräner und im Klaren darüber sind, wie reich wir beschenkt sind, finden wir eher einen Weg.

Je mehr ich in Extremsituationen lebe, desto stärker wird meine Hoffnung. Dieses Motto würde ich am liebsten über mein Leben schreiben. Und dieses Geschenk können wir der Jugend weitergeben, damit sie spürt, es gibt eine Hoffnung, die stärker ist als alles Widrige und alle ungelösten Aufgaben. In dieser Souveränität kann dann vielleicht die Diskussion über unseren Sozialstaat, über Kürzungen und Sparprogramme etwas entspannter vor sich gehen.

Heute rufe ich mit den Straßenkindern die Zufriedenen zum Aufstand: Nehmt euren Wohlstand wahr, der vor allem in der Familie liegt, schenkt einem schutzlosen Menschen eure Freundschaft.

**Es gibt einen Schlüssel für die Rettung aus der Überforderung: Übernimm die Verantwortung für einen, der schwächer ist als du.**

Es gibt einen Schlüssel für die Rettung aus der Überforderung: Übernimm die Verantwortung für einen, der schwächer ist als du.

Wir sehen das Elend der Welt. Ruf ein Kind bei seinem Namen!

Dann erfährst du das größte Geheimnis: Wer ein Leben rettet, rettet die ganze Welt.

---

### MARIA EGARTNER, 26 JAHRE, VOLONTÄRIN

*Vor drei Wochen zog ich für einige Zeit ins COC, die Stadt der Kinder. Dort traf ich einen Buben, der allein in der Wohnküche stand und schüchtern dreinschaute. Ich kannte ihn bereits. Sein Gesicht war mir auch ohne Foto gut in Erinnerung geblieben. Sein Name ist Giovanni. Wenn man ihn nach seinem Alter fragt, behauptet er mit Vehemenz, er sei genau elfeinhalb Jahre alt. Sein Geburtsdatum weiß er allerdings nicht genau, auch nicht, ob er im Winter oder im Som-*

*mer geboren ist. Vermutlich ist er rund acht Jahre alt, er ist klein und zart gebaut, wie die meisten* CONCORDIA*-Kinder.*

*Als ich ihn dann beim Namen rief und ihm um den Hals fiel, war das Eis gebrochen. Tränen flossen und in meiner Erinnerung sah ich ihn vor mir, so wie ich ihn damals zum ersten Mal in Bukarest gesehen hatte. Ich war damals gemeinsam mit einer anderen Volontärin und einem unserer Schützlinge in der Stadt unterwegs. Wir kauften bei dieser Gelegenheit auch auf dem Markt ein. Dabei fielen uns zwei kleine Burschen auf, die dort unentwegt Leute anpöbelten und vor einer Bank unter lautem Gelächter Luftballons zum Platzen brachten.*

*Wir entschieden uns, sie anzusprechen. Und dieses Gespräch hat wohl das Leben dieser Buben verändert. Schon nach einer Minute beschlossen sie, sich uns anzuschließen und sich einmal anzuschauen, was denn eigentlich* CONCORDIA *ist und ob es dort vielleicht sogar einen Internetzugang, einen Fernseher und gutes Essen geben könnte.*

*Der Anfang war dann auch einigermaßen schwierig. Giovanni und sein Freund Nicolai waren sehr misstrauisch, versuchten sich mit Provokationen gegenüber den älteren Kindern aus dem Sozialzentrum Lazarus zu behaupten und beschlossen mehrmals wieder abzuhauen, weil sie keine Zigaretten mehr hatten. In der ersten Nacht wollten sie auch gar nicht schlafen gehen, weil sie der neuen Umgebung nicht ganz trauten. Sie überredeten mich, mich zu ihnen zu legen, bis sie eingeschlafen seien. Eng umschlungen schlossen die beiden dann auch wirklich die Augen.*

*Seither sind zwei Monate vergangen. Giovanni ist nicht mehr wiederzuerkennen. Aus dem kleinen, frechen Buben mit den verschmutzten Kleidern und den aufgerissenen Füßen ist ein aufmerksamer großer Bruder geworden. Er stellt mir alle seine Mitbewohner mit Namen vor und erzählt mir, dass er mit seinem jüngeren Mitbewohner Hausübungen macht. Voller Stolz präsentiert er mir auch seine neue Frisur. Dabei strahlt er über das ganze Gesicht.*

---

**Am Abend meines Lebens**

*Ich glaube an Gott, unseren Vater,*
*den Schöpfer des Himmels und der Erde.*
*Viele Völker mit ihren Sprachen und Religionen*
*sind zu Dir unterwegs.*
*Lass alle, die Dich suchen, in Dir geborgen sein!*

*Ich glaube an Jesus Christus,*
*der Gottes Reich in dieser vergänglichen Welt verkündet hat.*
*Hilf allen, die versuchen, auf Deine Stimme zu hören,*
*den Starken und den Schwachen,*
*den Alten und den Jungen.*
*Rufe sie in Deinen Dienst, damit sie von Dir lernen,*
*füreinander Bruder und Schwester zu sein!*

*Ich glaube an den Heiligen Geist,*
*der unsere guten Gedanken stärkt.*
*Ich empfehle Dir die Fragenden und die Suchenden,*
*aber auch die Wissenden.*
*Sie alle warten auf Dein Wort.*
*Lass sie die Wahrheit in Liebe tun!*

*Am Abend meines Lebens danke ich Dir, guter Gott,*
*für meine Kirche, die mit Dir auf dem Weg ist durch die Zeit.*
*Beschütze und führe unsere Kinder durch Deine Boten.*
*Hilf uns, mit Deinen Engeln und mit den Kindern*
*das Antlitz der Erde neu und friedlicher zu machen!*
*In Deine Hände lege ich mein und unser aller Leben.*

***Kardinal Franz König für Pater Georg, Advent 2003***

## DAS PROJEKT CONCORDIA

www.concordia.co.at

Oktober 1991: Pater Georg Sporschill SJ bricht mit drei ehrenamtlichen Mitarbeitern nach Bukarest auf. Das erste Kinderhaus wird renoviert und in Betrieb genommen.

Jänner 1992: Die Organisation CONCORDIA wird gegründet. Die Zentrale in Bukarest an der Piaţa Concordiei hat der Organisation ihren Namen gegeben.

Frühjahr 1992: Weitere Kinderhäuser werden eröffnet; das Streetwork-Team kümmert sich um jene Kinder, für die noch kein Platz in den Häusern ist.

Juni 1992: In Ariçesti, rund 80 Kilometer nördlich von Bukarest, wird eine aufgelassene Kolchose erworben und zur „Farm für Kinder" mit Wohnhäusern, einem kleinen Landwirtschaftsbetrieb, Bäckerei, Schlosserei und Tischlerei ausgebaut.

Jänner 1993: Die ersten Kinder besuchen öffentliche Schulen. Die CONCORDIA-Mitarbeiter an der Piaţa Concordiei koordinieren die Betreuung für Familien in Not.

Februar 1996: Die ersten Jugendlichen von der Farm ziehen in ein Wohnhaus im benachbarten Dorf und beginnen ein selbstständiges Leben.

Juni 1996: Die „Großen" von der Farm und zwei Lehrlinge aus dem benachbarten Dorf schließen in der Farm-Bäckerei eine Lehre mit dem staatlichen Diplom ab. CONCORDIA richtet eine Nachbetreuung für ehemalige Schützlinge ein und hilft bei der Wohnungs- und Arbeitssuche.

1999: In Bukarest wird das neue Wohnheim Sf. Paul für Kinder und Jugendliche errichtet.

Oktober 2000: Ein dritter Standort: Mit Hilfe zahlreicher Wohltäter erbaut und eröffnet CONCORDIA das Kinderhaus Casa Austria in Ploieşti.

Mai 2001: In der Casa Alexandra finden zwanzig Babys und Kleinkinder Betreuung und ein neues Zuhause.

März 2002: In Ploieşti wird das „COC" (Stadt der Kinder) mit den vier Kinderhäusern Casa Montafon, Casa Uniqa, Casa Leopold und Casa Augustin sowie einer Ausbildungs- und Sporthalle und einem Gemeinschaftszentrum eröffnet.

Weihnachten 2002: Das Sozialzentrum Lazarus in Bukarest, eine erste Anlaufstelle für die Kinder und Jugendlichen, die noch auf der Straße leben, öffnet seine Pforten.

2004: In der Republik Moldau (Moldawien) wird der Verein CONCORDIA – Proiecte Sociale gegründet. CONCORDIA erwirbt in der Hauptstadt Chişinău das erste Kinderhaus. Im nahe gelegenen Piriţa beginnt der Bau an der „Stadt der Kinder".

2005 und 2006: Die „Stadt der Kinder" wird erweitert.

Derzeit leben etwa 800 Kinder und Jugendliche in der Obhut von CONCORDIA in Rumänien und der Republik Moldau. Rund 230 Mitarbeiter kümmern sich um das Wohlergehen der jungen Menschen und begleiten sie auf ihrem Weg in eine gute Zukunft.

## LEBENSLAUF VON PATER GEORG SPORSCHILL SJ

Pater Georg Sporschill wurde am 26. Juli 1946 in Feldkirch/Vorarlberg geboren. 1956–1964 Humanistisches Gymnasium in Feldkirch, 1964–1972 Studium in Innsbruck und Paris (Theologie und Erziehungswissenschaften / Psychologie, Abschluss Mag. theol., Dr. phil.). 1969 Assistent an der Katholisch-Theologischen Fakultät in Innsbruck, 1971 Referent für theologische Erwachsenenbildung in der Erzdiözese München-Freising, 1975 Referent für Erwachsenenbildung im Amt der Vorarlberger Landesregierung. 1976 Eintritt in den Jesuitenorden, 1978 Priesterweihe. 1977–1991 Jugend- und Sozialarbeit: Aufbau mehrerer Einrichtungen der Caritas für Obdachlose in Wien (u. a. Jugendhaus der Caritas, Inigo, Canisibus); 1979–1989 Chefredakteur der Zeitschrift *Entschluss*; Artikel vor allem zu Jugendfragen und Sozialarbeit. Ab 1991 Einsatz für Straßenkinder in Rumänien und in der Republik Moldau: Aufbau mehrerer Kinderdörfer, Sozialzentren und Kinderhäuser. Seit 1984: Bibelschule in Wien.